工会工作实务丛书

学校教代会工作实用手册

吕明霞◎编著

中国工人出版社

图书在版编目（CIP）数据

学校教代会工作实用手册 / 吕明霞编著 . —北京：
中国工人出版社，2021.11
ISBN 978-7-5008-7770-7

Ⅰ . ①学… Ⅱ . ①吕… Ⅲ . ①学校—工会工作—
中国—手册 Ⅳ . ① D412.6-62

中国版本图书馆 CIP 数据核字（2021）第 219643 号

学校教代会工作实用手册

出 版 人 王娇萍
责任编辑 赵晨羽 周子欣
责任印制 栾征宇
出版发行 中国工人出版社
地 址 北京市东城区鼓楼外大街45号 邮编：100120
网 址 http://www.wp-china.com
电 话 （010）62005043（总编室） （010）62005039（印制管理中心）
（010）62382916（工会与劳动关系分社）
发行热线 （010）82029051 62383056
经 销 各地书店
印 刷 北京盛通印刷股份有限公司
开 本 710毫米×1000毫米 1/16
印 张 16.25
字 数 240千字
版 次 2022年2月第1版 2022年2月第1次印刷
定 价 40.00元

前言

preface

党的十九届四中全会提出，全心全意依靠工人阶级，健全以职工代表大会为基本形式的企事业单位民主管理制度，探索企业职工参与管理的有效方式，保障职工群众的知情权、参与权、表达权、监督权，维护职工合法权益。党的十九届六中全会又提出，积极发展全过程人民民主，健全全面、广泛、有机衔接的人民当家作主制度体系，构建多样、畅通、有序的民主渠道，丰富民主形式，从各层次、各领域扩大人民有序政治参与，使各方面制度和国家治理更好地体现人民意志、保障人民权益、激发人民创造。

我国全过程人民民主是一个完整的制度链条，包括选举民主、协商民主、社会民主、基层民主、公民民主等民主政治的全部要素，涵盖了民主选举、民主协商、民主决策、民主管理、民主监督等民主过程的一切领域，不仅有完整的制度程序，而且有完整的参与实践。习近平总书记强调，民主不是装饰品，不是用来做摆设的，而是用来解决人民需要解决的问题的；我国全过程人民民主实现了过程民主和成果民主、程序民主和实质民主、直接民主和间接民主、人民民主和国家意志相统一，是全链条、全方位、全覆盖的民主，是最广泛、最真实、最管用的社会主义民主。

健全基层民主，是社会主义民主政治建设的基础性工作和重要内容。学校民主是我国基层民主建设的重要领域，也是全过程人民民主的生动实践。学校作为知识分子的聚集地，不仅是教书育人和传播科学文化知识的重要场所，也是广大教职工的工作场所。广大教职工不仅文化层次高，而且对参加学校民主管理、实行民主监督有较高的期望值。

学校民主管理尤其是教代会制度自探索建立以来，经过持续四十多年的发展，学校民主管理工作取得了可喜的成绩，不仅制度体系逐步健全，运作日趋规范，而且在加强学校民主政治建设，维护教职工合法权益，推进教育改革和发展等方面发挥了重要作用。但是，部分学校在运作中也存在一些问题和不足，如部分学校民主管理的制度不够健全完善，日常民主管理环节薄弱；部分学校领导欠缺民主作风，学校管理未能实现全程民主化，甚至民主管理主要制度流于形式，导致教职工的民主权利未能得到充分保障；部分教代会代表的履职意识不够强，热情不高，作用发挥不明显；等等。

扎实推进学校民主管理，是基层民主政治建设的重要内容之一。新时代下做实基层民主，完善学校民主管理制度，需要各级各类学校努力把全过程人民民主融入学校管理的各个方面，融入学校发展的始终，不仅要把学校民主管理体现在选举、协商、决策、管理和监督等环节的全过程中，而且要体现在广大教职工的知情权、参与权、表达权、监督权等民主权利实现的全过程中，努力打造成为践行和发展全过程人民民主的最佳实践地和行业系统。为此，各级各类学校应按照法律政策要求，积极推进民主建设，完善运行机制，最大限度地落实教职工的民主权利，从而调动教职工的积极性、主动性、创造性，激发教职工的主人翁责任感，群策群力推动教育事业发展。

为了帮助指导广大学校更好地推进学校民主管理工作，促进教代会制度的规范化运作，努力提升教代会制度的工作实效，我们编写了这本书，力图体现知识性和实用性的双重特性，希望本书能对各学校推进民主管理工作有较高的参考价值。本书是2021年度上海市总工会课题（新时代下学校民主管理工作运作机制研究）和2022年度上海市教育科学研究项目（C2022375）的成果。本书在编写过程中，上海市总工会的王珍宝博士给予了很多帮助，参与撰写并修改了部分章节内容；中国教科文卫体工会原主席王晓龙，上海市教育工会以及上海市的嘉定区教育工会、金山区教育工会和上海大学工会、上海工程技术大学工会的相关领导不仅提供了大量的参考资料，还审阅书稿并给予许多宝贵的修改意见和建议。此外，本书还参考了诸多前辈的著作资料，并引用了部分学校的案例材料，在此一并表示衷心的感谢！

编　者

2022 年 2 月

目录

contents

第一章 Chapter 1 学校民主管理基础知识

第二章 Chapter 2

教代会工作

第一章

学校民主管理基础知识

1. 什么是学校民主管理?

学校民主管理，是指学校师生员工、各群体成员和民主管理机构行使民主权利对学校公共事务的管理，是广大师生员工依据国家法律和有关法规，行使自己的民主权利，通过一定的形式和途径，直接或间接地参与学校事务的管理。

民主管理是学校管理中的一种全过程、全方位的工作和活动，它伴随着学校民主管理的决策、计划、组织、指挥、协调和控制的各个环节，渗透到学校的发展战略、教学与科学研究、后勤保障、劳动人事和生活福利等各个方面。

学校民主管理的主体是学校教职工，旨在通过建立一定的制度并设置相应的职权，来保证教职工参与学校民主管理和监督的有效实现；与此同时，还必须建立健全与制度相配套的切实可行的运行程序，以充分反映和切实表达教职工的真实意见和建议。学校民主管理的关键是教职工参与学校管理、维护教职工合法权益，使学校民主管理获得广泛的群众基础。

2. 学校为什么要实行民主管理?

（1）建立和完善现代学校制度的内在要求。建立现代学校制度是新时期教育改革与发展的必然方向。完善现代学校制度，建立学校法人治理结构的改革，特别是完善中国特色现代大学制度，对完善学校内部治理结构提出了更高的要求。中国特色现代大学制度的特征主要体现在党委领导、校长负责、教授治学、民主管理四个方面。学校实行民主管理，有利于规范学校政治权力、行政管理权力、民主管理权力和学术权力之间的关系，实现各种权力的相互支持、合理配置和相互协调。从学校内部管理的微型层面来看，完善现代学校制度需要大力推进学校管理制度的改革，需要逐步改善学校行政职能，加强教师在学校管理中的作用。教代会制度是学校内部管理体制、内部治理结构的重要方面，是现代学校制度特别是现代大学制度的重要组成部分，也是学校民主管理的主要形式。

(2) 依法治校的内在要求。法治是治国理政的基本方式。随着社会主义民主法治建设的推进，教育改革的不断深化，各级各类学校的发展环境、发展理念、发展方式正在发生深刻变化，迫切需要全面推进依法治校、加快建设现代学校制度。推进依法治校，是学校适应加快建设社会主义法治国家要求；发挥法治在学校管理中的重要作用，提高学校治理法治化、科学化水平的客观需要；是深化教育体制改革，推进政校分开、管办分离，构建政府、学校、社会之间的新型关系，是建设现代学校制度的内在要求；是适应教育发展新形势，提高管理水平与效益，维护学校、教师、学生各方合法权益，全面提高人才培养质量，是实现教育现代化的重要保障。

依法治校，学校要牢固树立依法办事、尊重章程、法律面前人人平等的理念，建立公正合法、系统完善的制度与程序，保证学校的办学宗旨、教育活动与制度规范符合民主法制、自由平等、公平正义的社会主义法治理念要求；要以建设现代学校制度为目标，落实和规范学校办学自主权，形成政府依法管理学校，学校依法办学、自主管理，教师依法执教，社会依法支持和参与学校管理的格局；要以提高学校章程及制度建设质量、规范和制约管理权利运行、推动学校民主建设、健全权利保障和救济机制为着力点，增强运用法治思维和法律手段解决学校改革发展中的突出矛盾和问题的能力，全面提高学校依法管理的能力和水平；要切实落实师生主体地位，大力提高自律意识、服务意识，依法落实和保障师生的知情权、参与权、表达权和监督权，积极建设民主校园、和谐校园、平安校园。依法治校要求学校实行民主管理，大力加强学校民主制度建设，完善民主管理和监督机制。

（3）贯彻落实党的“依靠”方针的内在要求。全心全意依靠工人阶级，是由我们党和国家的性质以及工人阶级的历史地位和作用决定的，是党和国家一贯坚持的根本指导方针。全心全意依靠工人阶级，在学校就是要全心全意依靠教职工办学。全心全意依靠教职工办学，就是要在制度上落实教职工依法行使民主参与、民主管理和民主监督的权利，就是要坚持和完善以教代会为基本形式的民主管理制度。教职工是学校的主人，是办好学校的骨干力量，他们对学校和教育的情况最了解，对学校如何改革和发展最有发言权，要依靠他们，让他们为办好学校积极献计献策、团结奋斗。没有广大教职工的理解、支持和参与，办学将寸步难行。而实行学校民主管理，就能集中教职工的智慧，群策群力，办好学校。

3. 学校民主管理工作的意义有哪些？

（1）有利于维护教职工的合法权益。学校民主管理能更好地维护教职工的合法权益，教职工的意见和建议能更及时、更通畅、更准确、更集中地反映上来，能使问题得到更有效的解决。特别是随着教育改革的不断深化，劳动关系和利益关系正在不断调整，一些涉及教职工切身利益的矛盾比较突出，如不能妥善处理，就可能使矛盾激化，损害教职工的利益，影响改革和发展。因此，必须加强学校民主管理制度建设，尊重教职工民主权利，确保教职工的合法权益得到有效维护。

（2）有利于激发教职工的主人翁精神。全心全意依靠工人阶级，是我们党一贯坚持的根本指导方针，在学校就是要激发教职工主人翁精神，全心全意依靠教职工办好学校。只有有效地尊重教职工的主人翁地位，不断强化教职工的主人翁意识，培养教职工的主人翁责任感，并将这种责任感和意识升华为主人翁精神，学校才能真正获得持久发展的力量源泉。

教职工的主人翁精神，既强调了教职工在学校的主人翁地位，也强调了教职工在学校改革发展中的主人翁责任、主人翁意识。两个方面构成了权利与责任不可分割的辩证统一。要全面地把握全心全意依靠教职工办学的基本内涵，通过加强学校民主管理，在政治上保证职工群众的主人翁地位，调动广大教职工的积极性、主动性、创造性，充分发挥教职工在学校改革和发展中的作用；在制度上落实职工群众依法行使民主参与、民主管理和民主监督的权利；切实维护教职工的合法权益，认真解决教职工在工作、学习、生活等方面遇到的实际困难。

（3）有利于加强学校的党风廉政建设。学校的反腐倡廉工作，需要广大教职工的广泛关心、参与。只有紧紧依靠广大教职工，才能对滥用权力、以权谋私的腐败行为真正构成一种威慑力量。学校教职工思想理论修养、文化知识水平比较高，鉴别是非的能力比较强，对学校的党风廉政建设、反腐败工作既十分关心，又非常敏感。加强学校民主管理，依靠广大教职工，发动他们实行民主监督，无疑是学校加强党风廉政建设，开展反腐败斗争的一个重要措施。这有利于增强学校领导干部的公仆意识，树立服务观念，改进工作作风；有利于学校廉政监督的落实，加强领导干部的廉洁自律意识，促进领导干部的廉政勤政建设。

（4）有利于加强教职工的思想教育工作。随着学校各项改革的深入进行，学校的劳动关系和利益关系正在发生新的变化与调整，新的矛盾和问题不断产生。同时，知识分子参政意识和民主愿望要求比较强，更加渴望得到别人的尊重、理解和关心。对于涉及教职工切身利益的重大问题，必须让教职工知晓和监督，使他们民主地参与到学校的管理中，同时用民主的方式来加强教职工的思想教育和思想引领。这是因为，民主管理是一种沟通的教育，通过民主管理，实现教职工参政议政的愿望，尊重教职工的民主权利和主人翁地位，发挥教职工在办学过程中的积极性。而且，让教职工知校情、参校事、议校政，领导与群众双向交流，可以互相倾听和思考对方的意见，这也是一种双向互动的教育和监督。

（5）有利于构建和谐校园。构建和谐校园，关键是要协调好学校内部各方面的利益关系。民主是一种有效的利益冲突协调机制，没有民主，学校很难协调师生与员工之间复杂的利益矛盾。首先，民主是可靠而有效的利益表达机制。民主的根本作用在于让不同利益主体之间自由地表达其利益诉求。只有充分发扬民主，教职工才能最大限度地表达自己的愿望，实现自己的利益。其次，民主是有效的沟通手段。针对学校利益日趋分化和多元化，对其进行整合的有效途径是促进各利益主体之间的沟通，而健全的民主参与能够确保各利益主体的正常沟通，促进其相互理解和利益的合理整合。最后，民主具有协调利益和化解矛盾的功能。学校的热点、难点问题，通过教职工直接参与和监督得到理解和支持，在相互沟通的基础上，达成共识、化解矛盾，保持学校稳定、构建和谐校园。此外，民主还具有强烈的纠错防错功能，有利于维护大多数人的利益。民主不一定能实现最好的结果，却能防止出现最坏的结果；民主不一定能满足每一个人的要求，却能维护大多数人的利益。民主的防错纠错功能有利于防止损害群众利益的严重事件的发生，保持和促进校园和谐。

4. 学校民主管理有哪些法律政策依据?

学校民主管理历来为党和国家所重视。在我国的立法中，国家相应制定了一系列法律法规，从而使学校民主管理成为一项法律制度。

(1)《中华人民共和国宪法》第二条第三款：“人民依照法律规定，通过各种途径和形式，管理国家事务，管理经济和文化事业，管理社会事务。”

(2)《中华人民共和国教师法》第七条“教师享有下列权利”之第五项：“对学校教育教学、管理工作和教育行政部门的工作提出意见和建议，通过教职工代表大会或者其他形式，参与学校的民主管理。”

(3)《中华人民共和国教育法》（以下简称《教育法》）第三十一条第三款：“学校及其他教育机构应当按照国家有关规定，通过以教师为主体的教职工代表大会等组织形式，保障教职工参与民主管理和监督。”

(4)《中华人民共和国高等教育法》第四十三条：“高等学校通过以教师为主体的教职工代表大会等组织形式，依法保障教职工参与民主管理和监督，维护教职工合法权益。”

(5)《中华人民共和国民办教育促进法》第二十七条第一款：“民办学校依法通过以教师为主体的教职工代表大会等形式，保障教职工参与民主管理和监督。”

(6)《中华人民共和国工会法》第六条第三款：“工会依照法律规定通过职工代表大会或者其他形式，组织职工参与本单位的民主选举、民主协商、民主决策、民主管理和民主监督。”

此外，教育部、中华全国总工会于2002年共同印发的《关于全面推进校务公开工作的意见》，教育部于2011年下发的《学校教职工代表大会规定》，以及各省市出台的一系列地方法规和政策性文件，都是学校实行民主管理的重要依据。

5. 学校民主管理应遵循哪些原则?

(1) 民主管理必须坚持党的领导。党是我国各项事业的领导核心。学校的一切工作，包括工会、教代会在内，都必须坚持党的领导。党的领导是正确、有效开展民主管理工作的根本保证。

(2) 民主管理必须依靠制度来保障。民主管理的实现取决于群众参与的途径和形式的落实。作为民主管理主体的职工群众，相对于行政领导而言，在话语权和资讯掌握程度方面都处于弱势地位。而且，部分学校领导民主意识比较淡薄，民主程序尚不健全。因此，民主制度要逐步完善，尤其是作为民主管理的基本组织形式和制度的教代会，要想有效地发挥作用，就必须努力健全制度，使得其行使职权的每个步骤都有明确的、可操作的规定。

（3）民主管理必须立足于基层群众的发动。群众路线是我党的根本工作路线。民主管理主体是职工群众，民主管理是基层群众与领导沟通的重要渠道，因此，民主管理工作就必须立足于基层群众的发动。离开了广大群众的支持和参与，民主管理就成了无源之水、无本之木。

6. 学校民主管理有哪些特点?

（1）主体的特殊性。学校民主管理的主体是广大教职工。教职工是国家教育事业的主人、教育工作的直接承担者。全心全意依靠工人阶级这一基本原则，在学校中体现为全心全意依靠以教师为主体的广大教职工。与企业职工作为民主管理的主体有所不同的是，学校教职工大多具有良好的政治思想素质和扎实的专业文化知识，民主意识更强，并有较强的参政议政能力。因而，学校民主管理工作的群众基础更加扎实，呼声与要求也更高。

（2）内容的丰富性。对于学校的大政方针和涉及教职工切身利益的重要事项，广大教职工有知情权、参与权、表达权和监督权。因而，学校民主管理的内容非常丰富，如教代会的职权包括讨论建议权、讨论通过权和评议监督权等方面。而校务公开的内容则更加广泛，如学校的重大决策、重大事项、教学管理、财务状况、后勤保障等方面向广大教职工和学生公开，学校的收费项目、收费标准、招生政策与规定、入学条件等还应通过公开栏、招生章程等方式，向社会和学生及其家长公开。

（3）进程的长期性和渐进性。学校民主管理工作的程序化、制度化、规范化是一个需要不断提升的过程，从而不断完善工作制度，创新工作机制，突出工作实效。而且，学校民主管理的内容，也需要适应时代发展特点和职工群众的需求与呼声，不断拓展和丰富。同时，民主的工作实效，也需要不断体现出来，从而提升职工群众的认可度和满意度。

7. 学校民主管理有哪些形式和途径?

（1）教代会。教代会是教职工依法参与学校民主管理和监督的基本形式，是学校内部民主管理的基本形式和基本制度。《教育法》明确规定，各级各类学校按照国家有关规定建立和健全教代会制度。

（2）校务公开。校务公开包括校内事务和校外事务的公开。校内事务，如学校的重大决策、重大事项、教学管理、财务、后勤、职称评定、评模选优、住房分配等向广大教职工和学生公开，可以促进学校领导干部的廉洁自律、学校决策的正确性与办事的公正性。校外事务，如收费项目、收费标准、收费支出等，招生政策与规定、入学条件、录取结果等，通过设立公开栏、收费卡、召开家长会、校园网络、招生章程等方式，向社会和学生及其家长公开，可以进一步规范学校的管理，促进依法办学、依法收费。

（3）民主协商会议。学校的民主协商包括学校党政工联席会议、学校领导与教职工代表或群众、学校党组织负责人与党员群众和一般群众的民主协商，这是学校党政领导联系群众的有效的民主形式。有时也包括教师与学生、学校领导与学生的沟通协商活动。学校工会和教代会承担学校领导与教职工代表或群众民主协商的组织工作，工会主持民主协商会议，会前应做好准备工作，会上注意引导，防止出现偏激情绪和僵持局面。会后可向群众发布民主协商会议的情况，检查决议问题的落实情况，使民主协商真正有效。

（4）合理化建议活动。这种活动通常是在学校工会的组织下，针对学校的管理制度、机构设置、教育和改革方面的重要问题，发动广大教职工提出改进意见和建议的群众性活动。这种群众性活动可以充分发动群众采取书面或会议征询等不同方式收集建议，根据建议的价值，评出“最佳建议”，并给予奖励。

（5）民主研讨会。这种形式是在工会的组织下，教师、学校管理人员和有经验的职工参加的一种参政咨询形式。它紧紧围绕学校的某些重要问题和教学科研的重大问题，组织研究和讨论，提出意见和建议，或写出建议方案，供行政领导决策时参考。

除以上形式和载体以外，许多学校还有校情发布会、民主恳谈会、双月沟通会、民主接待日、群众意见箱、家委会等活动形式。这些形式各有其特点和作用，但都不能代替教代会这种最基本、最重要的民主管理形式。

8. 如何理解教代会与学校党组织的关系？

《学校教职工代表大会规定》第六条规定，教职工代表大会在中国共产党学校基层组织的领导下开展工作。因此，学校党组织与教代会是领导与被领导的关系。教代会接受学校党组织的领导，在其领导下按规定程序行使职权。学校党组织要加强对教代会工作的领导，保障教代会在规定的职权范围内行使职权；教育各级干部增强民主意识；定期研究教代会工作，协调、解决教代会在工作中遇到的各类问题；为教职工参与民主决策、民主管理、民主监督创造良好的条件。具体来说，学校党组织对教代会的领导，主要通过以下途径：

（1）支持和保障教代会行使职权，确立工会和教代会的合法地位；

（2）定期听取工会工作，特别是关于民主管理情况的汇报，帮助工会解决工作中的实际困难；

（3）召开教代会的计划方案由学校党组织讨论；

（4）教代会的议题、议程、报告等，在正式形成前由学校党组织审核，提出原则性的意见；

（5）协调教代会与行政和其他组织之间的关系，当教代会与学校行政之间产生矛盾与分歧时，由学校党组织进行协调解决；

（6）学校党组织选配、推荐得力干部，选进学校工会领导机构。充分发挥学校工会委员会在民主管理工作中的作用。

教代会接受学校党组织的领导，也要争取学校党组织的支持。教代会接受学校党组织的领导，应注意以下几个问题：

（1）教代会主席团和各专门委员会（工作小组），要认真学习和研究党的有关方针和政策，并向教代会代表进行宣传和教育，提高代表的政策理论水平；

（2）教代会的中心议题、议案和决议等重大问题应主动听取学校党组织的意见；

（3）工会召开联席会议，应邀请学校党组织的相关负责同志参加，并尊重他们的意见；

（4）工会应主动加强同学校党组织的联系，经常把群众的意见、建议、思想动向，以及民主管理等方面的情况向学校党组织报告，听取学校党组织的意见。

9. 如何理解教代会与学校行政领导的关系？

教代会与同级行政领导之间是相互依赖、相互协作的关系，监督与被监督的关系，两者各司其职、各负其责。

一方面，教代会要支持和维护学校行政领导的指挥权威，组织和动员教职工为学校发展献计献策，教育教职工遵守学校各项规章制度，努力完成各项工作。具体来说，教代会要在以下几个方面支持学校行政领导的工作：

（1）要支持学校行政领导行使职权，维护其领导权威，教育广大教职工并执行校长在其职权范围内作出的决定。如有不同意见，在协商取得一致意见之前，应按校长的决定执行。

（2）要动员和组织教职工，努力去实现学校行政领导制定的规划和计划，完成学校行政领导提出的各项任务。通过开展征求意见、合理化建议、献计献策等活动，积极为学校行政领导提供信息，为校长决策提供依据。

（3）要教育广大教职工关心爱护学校，自觉地服从领导，听从指挥，遵守纪律，积极工作。

（4）学校工会作为教代会的工作机构，要积极主动、经常及时地与学校行政领导进行沟通，反映教职工的意见和要求，友好合作，加强配合，真正建立起一种相互支持、相互尊重的合作关系。

另一方面，学校行政领导要尊重和支持教代会在其职权范围内行使民主管理权利。具体来说，体现在以下几个方面：

（1）学校行政领导要树立群众观念，坚定地贯彻全心全意依靠教职工办学的指导思想。校长要定期向教代会报告学校工作，重大问题、重大决策都要提交教代会讨论，认真听取代表的意见和建议。

（2）学校行政领导要尊重和支持教代会行使职权，认真贯彻落实教代会作出的决定、决议，认真对待和处理教代会的提案，并支持教代会代表的监督和检查。

（3）学校行政领导要支持教代会代表开展民主评议干部的活动，校长要做好表率，带头述职并接受教代会代表的评议和监督。

（4）学校行政领导要为教代会开展工作创造条件，从时间、人力、物力、财力上给予支持和保障。

10. 如何理解教代会与学校工会的关系?

教代会与学校工会两者之间既有区别又有联系。它们之间的区别主要在于，教代会是学校管理的重要制度，是民主管理的基本形式，是学校应当建立和完善的基本制度，属于我国学校内部管理体制的范畴。而学校工会是教职工自愿结合的工人阶级群众组织，是中国教育工会的基层组织，属于社会政治团体的范畴。两者性质不同，不能简单地画等号。而且，教代会是一种会议制度，工会是一个组织机构。两者在组织形式、制度设计、职责作用、活动方式等方面都有较大的差异和区别。

但是，两者之间的关系又很密切。学校工会是教代会的组织者、参加者，又是教代会的工作机构，负责教代会的日常工作。学校工会依照法律规定通过教代会或者其他形式，组织教职工参与本单位的民主决策、民主管理和民主监督。所以，教代会工作是学校工会的重要工作内容，也是学校工会参与学校民主管理的重要载体。这种关系，使学校工会与教代会在工作和工作机构上可以有机结合。

尽管学校工会是教代会的工作机构，但并不意味教代会和学校工会可以合二为一。这是因为，尽管教代会的主体是学校全体教职工，学校工会组织的工作对象也几乎是学校的全体教职工，但是教职工参与教代会的民主管理工作和活动，与教职工参加学校工会的身份、角色和要求是不同的。学校工会的任务和教代会的任务并不是所有方面都相同。就教代会而言，只要通过合法形式履行民主参与、民主监督的职权，并在这个过程中维护教职工的合法权益，就算尽职尽责了。但是，就学校工会而言，仅仅通过教代会来参与学校工作的民主管理和民主监督、维护教职工的合法权益是远远不够的，它还要通过其他民主渠道，包括本身作为重要社会团体，通过上级组织和其他途径，代表教职工“参与管理国家事务、管理经济和文化事业、管理社会事务”开展多方面的工作，才能完成作为教职工自愿结合的群众组织的工作任务。

11. 什么是校务公开?

所谓校务公开，是指学校在遵守国家法律及相关规定的前提下，依照一定程序，向广大师生及社会公众公布涉及当事人权利义务关系的校务活动信息的过程，包括政策公开、过程公开和结果公开三个相互衔接的阶段。校务公开的目的、任务在于贯彻落实党的全心全意依靠工人阶级的根本指导方针，在政治上努力保证教职工当家作主的主人翁地位，在制度上落实教职工参与民主管理、民主监督的权利，让广大教职工有广泛的知情权与参与权。维护教职工的合法权益，从而调动广大教职工参与改革、发挥改革的积极性、创造性，集中广大教职工的智慧和力量，搞好学校民主政治建设，促进学校党风廉政建设，使学校的改革和建设获得最广泛的群众基础和力量源泉，推进学校快速发展。

12. 推行校务公开应坚持哪些原则？

（1）坚持以马克思列宁主义、毛泽东思想、邓小平理论、“三个代表”重要思想、科学发展观、习近平新时代中国特色社会主义思想为指导，全心全意依靠广大教职工办好学校，全面落实教职工对学校事务的知情权、参与权、监督权。

（2）坚持党组织统一领导，行政为主负责，纪委和工会协调、监督，业务部门各负其责，教职工积极参与的领导体制和工作机制。

（3）坚持依法实施校务公开。学校工作除按照规定必须保密外，一般都应当予以公开，并根据内容需要，做到政策依据公开、程序规则公开、工作过程公开、实施结果公开。

（4）坚持和完善教代会制度以及其他各项民主管理制度，加强上级领导部门和校内职工群众对校务公开工作的监督，完善监督激励保证机制，实行责任制和责任追究制。

（5）坚持校务公开与学校党的建设、领导班子建设、干部队伍建设、教职工队伍建设相结合，与学校管理体制、办学机制相融合，与评选先进、考核干部的作风和实绩相结合，与评价学校的管理水平和文明水平相结合。促进和完善学校的党风廉政建设和民主、科学的管理。

（6）坚持校务公开工作客观真实，做到公开透明、规范运作、注重实效、群众满意。

13. 校务公开的主要内容有哪些？

通常来说，凡是与学校教学、科研、管理、教育改革发展等密切相关的重大问题和涉及教职工切身利益的重要事项，除党和国家规定的在一定时期需要保密的事项外，均应在一定范围内以适当形式和程序予以公开，努力做到政策公开、过程公开、结果公开。

（1）重大决策公开。重大决策是指学校管理过程中制定的有关学校发展和规划的重大决定。重大决策公开，目的是让广大教职工参与讨论和决策，使决策更具有民主性和科学性，避免重大决策失误。主要包括：关于学校发展的重要事项，如学校的中长期发展规划，年度、学期工作计划和总结，涉及学校全局性的重要改革举措和有关政策等；关于学校建设的重要事项，如专业、学科、学位点建设情况，招生计划、政策、录取情况，毕业生就业政策及就业情况，教学改革、管理、评估情况，科研与科技开发情况，实验室建设情况，基建规划、重大项目立项情况，招聘和人才引进情况，对外合作交流情况等。

（2）财务公开。其目的是让教职工参与管理、参与监督，使学校有限的资金得到合理的使用，发挥更大效益，同时防止违反财经纪律的事件发生。主要包括学校年度财务预算、决算执行情况，专项经费包括“三公”经费使用情况，基建工程和重大修缮项目招投标及工程预决算情况，大宗、大件物资采购程序及招投标情况，校办产业和后勤实体经营情况，对基建、维修工程、校办产业及有关单位进行审计的情况，党员干部违法违纪案件查处结果等。

（3）热点问题公开。主要包括：关于干部工作，如领导干部廉洁自律情况，干部选拔、任免，领导班子贯彻落实廉政建设责任制情况，领导干部外事往来及出国、出境情况，干部离任审计情况；关于教职工切身利益事项，如工资、奖金、岗位津贴分配政策，教职工福利费分配使用情况，教职工职务、职称评聘政策、指标、评审程序及结果，奖惩制度，教职工考核结果，评优评先的条件和结果，工会经费收支、工会活动费使用情况等；关于学生管理工作中的重要事项。这些热点问题的公开，可以使广大师生参与管事、议事，发表意见，畅通民主渠道，把好事办实、实事办好。

14. 校务公开的途径和形式有哪些?

校务公开的途径和形式主要包括：教代会是校务公开的重要平台；建立校务公开专题网站；通过各种类型的会议公开；通过文件、简报、年鉴、大事记、纪要等书面形式公开；建立和发展民主协商对话机制，包括坚持和建立民主党派双月座谈会、离退休老同志座谈会、青年教师座谈会、学生代表座谈会、家长座谈会（并建立家长委员会）等；开展决策咨询、问卷调查、专题调研、校领导接待日、设定校长热线电话、校领导现场办公制度、校情通报会、校园新闻发布会、学校办公室通报督办制度；积极发挥大众传媒的作用，支持发挥校园电视网、信息网络、广播站、学生通讯社、校报、广告栏、宣传橱窗的公开作用等。各学校也可结合自身实际，不断开拓校务公开的途径，丰富校务公开的形式。

微案例

J学校建立应公必公、信息公开广辐射的工作机制，通过多种形式进行校务公开。该校充分利用各种文件、公告、通报、通知、会议纪要等形式公开校务，学校党政研究决策通过的重大问题，以学校发文或“公文纪要”的形式向全体教职工公开。此外，干部选拔情况、职称评审等都要进行公示，接受监督。利用校园网、OA办公系统、校长信箱、校报、校广播站、宣传橱窗等公开校务最新信息。网上校领导信箱、公布信访举报电话和投诉热线，定期收集群众反馈信息。特别是抗击新冠肺炎疫情期间，学校积极开展具有针对性的协调工作，及时发布学校疫情防控相关公告、通知、教学后勤等信息；通过公众号推送各类购物、心理咨询等服务平台，有效解决师生的工作、学习和生活困难，抗击疫情的各项信息及时有效发布，各项服务措施到位。

15. 校务公开的工作要求有哪些?

校务公开是一项关系重大、政策性很强的工作。根据教育部、中华全国总工会联合印发的《关于全面推进校务公开工作的意见》的要求，各级各类学校要建立健全校务公开的领导体制和工作机制，形成党委统一领导，学校行政主持，纪检、监察、工会协调监督，业务部门各负其责，职工群众积极参与的工作格局。要建立党委领导下的校务公开领导小组，有组织、有领导、有计划、积极稳妥地推进校务公开工作。要确定有关部门参加的校务公开办事机构，明确职责分工，积极协调和参与校务公开的工作。要逐步建立健全校务公开的各项制度和监督检查办法，坚持公开原则的确定性与公开步骤的渐进性相结合、公开内容的真实性与公开形式的多样性相结合，在实践中不断完善校务公开的工作制度，规范校务公开的程序，确保校务公开有序地进行。

学校行政领导要积极主动地落实校务公开的各项规定，真正负起实施校务公开的责任。要按照校务公开规定的公开内容、公开形式、程序与时限等，公开学校决策与管理的相关内容，主动通过教代会这个平台公开有关校务工作，接受教代会及代表的监督。学校党委要切实加强对工会、教代会的领导，充分发挥工会、教代会（或教职工大会）在校务公开中的作用，坚持通过多种形式实行校务公开。

工作范例

××学校关于全面推进校务公开工作的实施意见

为了进一步加强学校民主管理与民主监督，促进学校改革和发展，根据中共中央办公厅、国务院办公厅《关于在国有企业、集体企业及其控股企业深入实行厂务公开制度的通知》和教育部、中华全国总工会《关于全面推进校务公开工作的意见》，以及有关的法律法规，结合我校实际情况，特提出如下全面推进本校校务公开工作的实施意见：

一、实行校务公开的目的与意义

实行校务公开是推进依法治国和社会主义民主政治建设的必然要求。对于我校而言，全面推进校务公开是进一步落实全心全意依靠广大教职工办学方针的具体体现；是加强民主管理与民主监督，保证和维护广大师生员工合法权益的有效途径；是加强党风廉政建设，从源头上预防和治理腐败的重要举措；更是建设高水平的世界一流大学的内在要求。加强校务公开工作，对于进一步密切党群关系、干群关系，充分发挥广大教职工的积极性、主动性和创造性；对于推进依法治校，提高工作效率和工作水平；对于深化学校改革，促进学校发展和维护学校稳定；对于加强学校党风廉政建设，树立各级干部的良好形象，都具有十分重要的意义。

二、校务公开的基本原则

一是坚持党委统一领导，学校行政主持，纪委（监察处）、工会协调监督，职能部门各负其责，师生员工积极参与的原则；

二是坚持客观真实、公开透明、规范运作、注重实效、群众满意的原则；

三是坚持依法治校，维护师生员工参与民主管理和民主监督的权利的原则；

四是坚持遵守有关法律法规和保密制度的原则。

三、校务公开的主要内容

（一）根据内容在不同范围向校内公开的事项

1. 学校事业发展规划、重大改革方案及其实施情况；

2. 学校年度或学期工作计划与工作总结；

3. 学校学科、师资队伍建设与专业设置的规划与实施情况；

4. 学校有关财务管理的规章制度，学校财务年度预决算；

5. 干部和教职工的职务聘任、考核、晋级、奖惩等有关政策、程序及结果；

6. 重大工程建设和维修项目方案及大型设备、大宗物品的采购方案、招投标情况、工程竣工后的验收结果和审计情况；

7. 党政领导干部廉洁自律的各项规定及其执行情况，党风廉政建设责任执行情况，领导干部经济责任审计结果及民主评议、民主推荐等情况；

8. 教职工“四金”（住房公积金、养老金、医疗保险金、失业金）和其他社会保障基金的缴纳使用情况、劳动保护等与教职工切身利益相关的事项；

9. 其他依照法律法规和政策规定必须公开或教代会多数代表认为有必要向校内公开的事项。

（二）以不同形式向社会公开的事项

1. 学校招生计划、程序及政策，考试规程和纪律以及录取结果；

2. 收费的项目、标准和程序；

3. 学生管理制度和办法，包括各类学生的学籍管理、奖学金和助学金的发放，学生转学、转专业、休学、处分、选优评优及毕业生就业的规定等；

4. 接受社会及公民个人捐赠钱物的管理和使用情况；

5. 其他依照法律法规和政策规定必须公开或学校认为有必要向社会公开的事项。

四、校务公开的主要形式

（一）基本形式

教代会是学校民主管理和民主监督的基本制度，是校务公开的基本形式和主要载体。学校通过每年举行一次教代会和闭会期间常设主席团会议、代表团（组）长联席会议和专门工作委员会会议等形式，全面落实教代会的职权。要建立和健全院（系）级教代会制度，充分发挥校和院（系）两级教代会在学校民主管理与民主监督中的作用。

校、院（系）教代会的职权范围是：

1. 听取校（院）长的工作报告，讨论校（院）的年度工作计划、发展规划、改革方案、教职工队伍建设等重大问题，并提出意见和建议；

2. 讨论通过人事制度改革方案、教职工奖惩办法，以及其他与教职工切身利益有关的基本规章制度；

3. 讨论决定教职工的住房制度改革、医保制度改革和福利费管理使用的原则和办法，以及其他有关教职工的集体福利事项；

4. 评议、监督学校各级领导干部，必要时可以建议上级机关予以嘉奖、晋升或予以处分、免职。

学校还应建立健全校工会参政、议政的制度。学校召开党委常委会议、校长办公会议等，凡涉及教职工切身利益的内容，工会负责人应参加或列席会议。涉及教职工利益的重要工作，要有工会代表参与调查研究和制定方案，在实施过程中要充分听取工会的反馈意见。

（二）其他形式

1. 会议。学校通过校党委全委扩大会、全校党政干部会、全校教职工大会、教代会代表民主管理恳谈会、民主党派人士代表座谈会、学生代表大会、离退休人员学校工作情况通报会、新闻发布会等形式公开校务。

2. 公文。学校通过各种文件、公告、通报、通知等形式公开校务。

3. 规章制度。各职能部门通过编印本部门工作手册或规章制度汇编，向校内外公开本部门管辖事项的办事依据、规则与程序。

4. 媒体。充分利用校园网、校报、校有线电视台、广播站、宣传橱窗和公告栏等公开校务。

5. 其他双向沟通形式。如校领导和部门负责人接待日、举报电话，以及信访、公示、听证等。

五、校务公开的组织领导

一是成立校务公开工作领导小组，统一组织和协调全校校务公开工作的开展。

领导小组组长由校党委书记和校长担任，领导小组副组长由分管副校长和分管党委副书记担任，成员由党委办公室、校长办公室、纪委

(监察处)、工会等职能部门主要负责人组成。

二是在校务公开工作领导小组之下设立校务公开工作办公室，负责全校校务公开的日常工作处理。该办公室设在校长办公室，成员由参加领导小组的各部门负责人组成。其中校长办公室主要负责校务公开的组织实施；党委办公室主要负责校务公开的协调；纪委（监察处）主要负责校务公开的监督检查；校工会则主要负责校务公开的协助运作与信息反馈，并参与监督。

三是各职能部处负责其业务工作范围内校务公开相关事项的落实，并通过签订责任书的形式，实行部处长责任制，列入年度工作的考核。

四是全校各院（系）和直属单位应参照本办法的基本精神，制定相应的实施细则，积极推进本院（系）和本单位行政事务的公开，并接受学校的检查与考核。

16. 学校工会在推进校务公开工作中如何发挥作用?

教代会是校务公开的重要平台，学校工会作为教代会的工作机构，要积极推动教代会在校务公开中发挥作用。教代会作为学校民主管理和监督的基本组织形式，已形成了一整套较为完备的规章制度和操作程序，有较高的规范性、严肃性和权威性。教代会代表有较广泛的代表性，学校管理中的一些重要问题在教代会公开，既有利于集中群众的智慧，又有利于代表在群众中做工作。因此，教代会应通过年度代表大会，听取校长工作报告、财务工作报告，以及教学、科研、人事工作报告，教职工关心的热点问题、焦点问题报告来推动校务公开；通过行使好赋予教代会的各项职权来深化校务公开。当然，学校的有些事项不仅需要在教代会公开，还应向全体教职工公开、向学生及家长公开、向社会公开。学校工会也应推动并配合学校有关职能部门共同做好这项工作。

微案例

为使基层教职工知校情、言校事，了解校领导工作的情况和难处，自2013年以来，S学校工会主席例会不定期邀请校领导出席会议，校工会委员、各工会小组长就教职工反映的有关教学、科研、管理、服务中的热点问题向分管校领导提意见和建议，校领导就各自分管的工作通过各工会小组长向广大教职工进行通报。校领导列席工会例会制度的建立，架起了职工群众与领导干部沟通的桥梁，凝聚了学校的共识，促进了校园和谐。

17. 学校工会如何做好源头参与工作？

学校应当建立健全学校工会对学校工作民主参与的制度，努力做到学校及学校有关部门，在研究制定学校发展规划和年度工作计划，制定教育、劳动、工资、社会保障、住房及其他涉及教职工切身利益的重大决策、措施时，要有工会的代表参加，在充分听取他们的意见后再作出决定。

学校工会要加大源头参与的力度。学校内部体制改革的多项政策和法规，涉及教职工合法权益，学校工会应加强调查研究，及时了解教职工关心的热点问题，将教职工合理的意见和建议反映给学校党政领导，渗透到学校制定的政策规定中去，通过参加学校有关会议的机会直接参与政策的讨论制定。这样可以把维权关口前移，减少侵权事件的发生。在实际工作中，要坚持工会主席作为学校党政班子会议组成人员或列席学校党政班子会议，直接把教职工的意见、呼声、要求带到会议上，积极反映教职工的意见和建议，参加涉及教职工利益的改革方案和规章制度的制定；同时工会负责人还应参加学校重大工作的组织，如教职工聘用、工资分配制度改革、医疗保险制度改革、住房制度改革等工作，从政策、规定出台之初就充分考虑教职工的合法权益，做到源头参与、源头维护，减少各种矛盾纠纷的产生。

随着学校人事制度改革的深入，学校劳动关系、利益关系逐渐市场化、契约化，如何在劳动关系矛盾中切实维护教职工的合法权益，成为学校工会必须面对的问题。作为教职工利益代言人和维护者的工会组织，就要在学校人事制度改革中发挥维护作用，强化维权意识，把工作的着重点放在源头参与上，积极参与改革实施方案的讨论和制定，密切关注人事制度改革和分配制度改革中出现的新情况、新问题，正确把握改革的教职工应该承受的程度，充分反映广大教职工的意见和合理要求，把维护教职工合法权益的工作从源头上做起，把改革的方案体现到具体政策中，充分发挥学校工会的维护作用。

在民办学校，学校工会应当与学校行政建立集体协商制度，对关系教职工切身利益的劳动用工、劳动保护、生活保险等事项，由工会代表教职工与行政方面进行沟通协商，取得一致意见后，用集体合同的形式确定下来，以保护教职工的合法权益。

18. 学校工会如何推动党政工联席会议制度的建立健全？

学校党政工联席会议是学校依法行政、民主协商和工会参政议政的重要平台，它既为学校贯彻落实党的群众路线开辟了一条重要渠道，又为工会从源头上维护教职工合法权益提供了有效途径，是学校工作扩大群众基础、科学决策、民主决策的需要，也有利于工会与学校党政加强联系和沟通，发挥工会在推动学校发展与和谐稳定中的积极作用。

学校工会要发挥主动性，在学校党组织的领导下，在学校行政的支持下，建立健全党政工联席会议制度。为推进这一制度更好地发挥作用，学校工会在实践工作中需要把握以下几点：首先，要建立健全党政工联席会议制度规范，党政工分工明确、各负其责。其次，要坚持定期召开会议，每学期至少召开一次会议。最后，要努力提高党政工联席会议质量。一是要确定好会议议题。党政工联席会议的核心内容是议题，而议题质量的高低直接关系到会议的成效。所以工会要深入调研，广泛征求部门工会和教职工的意见，对带有普遍性的教职工热点问题和工会自身当前急需解决的问题进行认真分析归纳，结合本校的实际情况拟出议题。本着少而精，既是工会急需解决的，又是学校能够解决的原则，确定重点议题。二是做好会前协调沟通。为保证联席会议顺利召开，工会在确定重点议题后，要与学校有关部门沟通协商，使议题中涉及的诸多问题能在会前达成初步共识，确保相关问题能够在会议上得到圆满解决。三是形成纪要，利于落实。每次联席会议召开以后，均要形成会议纪要，以文件的形式下发到学校各个部门，督促有关职能部门按照会议纪要的要求，认真做好落实工作。

工作范例

××大学各学院信息公开实施办法

各学院信息公开工作是学校信息公开工作的重要组成部分。为保障师生员工、社会公众、法人和其他组织依法获取学校信息，促进校务公开和依法治校，根据《中华人民共和国政府信息公开条例》、教育部《高等学校信息公开办法》等相关规定，结合学校、学院工作实际，制定本实施办法。

一、工作原则与机制

（一）学院应遵循公正、公平、便民、合法的原则，建立健全信息公开工作机制，建立健全信息发布保密审查机制，做到程序规范、内容准确。

（二）学院成立信息公开领导小组，由院长、党总支（委）书记任组长，领导班子成员、办公室和各部门负责人为领导小组成员。院务公开工作的实施由院长负责牵头，党务公开工作的实施由党总支（委）书记负责牵头。

（三）学院成立信息公开检查监督小组，由分工会主席、党总支纪检委员、教师代表、学生代表等组成，负责检查、督促信息公开的实施。监督小组组长由分工会主席担任，副组长由党总支纪检委员担任。

（四）建立信息公开责任制。学院党政主要负责人为信息公开工作的第一责任人，要积极主动地落实信息公开的各项规定，真正负起实施信息公开的责任，把信息公开作为日常管理工作的一项重要内容，与其他业务工作一起部署、一起检查、一起考核、一起落实。

二、信息公开的公开内容、公开范围及公开方式

党务公开的主要内容依照有关党务公开的规定执行。院务公开的主要内容参照下表执行。

	公开内容	公开范围	公开方式
学院概况	发展历史、办学规模、办学理念、专业设置、办学条件、办学成果、发展愿景	社会公开	网上公开
	领导班子成员及分工，内设机构	院内公开	网上公开
	学院各类规章制度	院内公开	网上公开
重大决策	学院党政联席会议纪要	院内公开	网上公开或墙上公开
	学院发展规划、年度工作计划、专项规划	院内公开	网上公开、会议公开
	重要改革措施	院内公开	网上公开、会议公开
教学管理	学科专业设置、当年新增或停招专业名单	院内公开	网上公开
	学科建设情况	院内公开	网上公开或墙上公开
	课程与教学计划	院内公开	网上公开
	教学督导与评估	院内公开	会议公开或墙上公开
	教学建设项目、教学成果评选情况	院内公开	会议公开或墙上公开
	教学实验室建设规划及重要仪器设备采购	院内公开	会议公开

续表

	公开内容	公开范围	公开方式
科研管理	科研项目设置（含经费配置）	院内公开	会议公开或墙上公开
	学科建设规划	院内公开	网上公开、会议公开
	科研获奖情况	院内公开	会议公开或墙上公开
	科研奖励办法及结果	院内公开	网上公开、会议公开
	科研实验室建设规划及重要仪器设备采购	院内公开	会议公开
学生事务管理	学生学籍管理（转学、转专业、休学、退学等）	院内公开	网上公开
	学位评定情况	院内公开	网上公开
	学生各类奖学金、助学金、助学贷款和勤工俭学的申请与管理	院内公开	网上公开
	学生奖励处罚办法及结果	院内公开	网上公开
	学生申诉途径与处理程序	院内公开	网上公开
	学生就业服务信息	院内公开	网上公开
教师人事	教师和其他专业技术人员岗位设置和聘用管理办法	院内公开	网上公开、会议公开
	教师职称评审公示	院内公开	网上公开、会议公开
	科级干部岗位设置和聘任办法	院内公开	网上公开、会议公开
	职称评定办法和结果	院内公开	网上公开、会议公开
	教职工考核办法和结果	院内公开	网上公开、会议公开
	教职工评优奖惩办法和结果	院内公开	网上公开、会议公开
	教职工招聘信息及人才引进程序、结果	院内公开	网上公开、会议公开
	教师申诉途径与处理程序	院内公开	网上公开、会议公开

续表

	公开内容	公开范围	公开方式
财务管理	学院年度财务报告	院内公开	会议公开
	学院“三公”经费使用情况	院内公开	会议公开
	教职工福利分配和津贴发放方案	院内公开	会议公开
领导班子	党政领导班子、领导干部述职述廉述学报告及考核结果	院内公开	网上公开、会议公开
	领导干部经济责任审计情况	院内公开	会议公开
其他	师生员工普遍关心的事项	院内公开	网上公开、会议公开

注：网上公开是指在校园网学院主页设立“信息公开”专栏；会议公开是指召开二级教代会、学术委员会、全院教职工大会、党内组织生活会等各种会议形式。

三、信息公开的程序和时限

（一）信息公开的程序

1. 事项确定。学院信息公开领导小组可根据学校信息公开指导性意见结合学院实际、师生员工意愿等，每年 12 月编制下一年度院务公开目录（含内容、范围、方式、时限、责任人等）报学校校长办公室审核备案。

2. 组织实施。学院信息公开领导小组协调学院办公室组织实施。

3. 建立“依申请公开”制度。学院办公室负责学院信息公开申请的受理工作，对群众要求公开的项目或对公开内容提出异议的事项，由申请人向学院办公室提出申请，学院办公室负责对申请公开事项记录整理，提交信息公开领导小组研究。信息公开领导小组研究同意后，应及时进行公开或予以答复，并向申请人反馈公开情况。

4. 监督检查。学院信息公开检查监督小组收集对信息公开事项的意见建议，组织开展民主评议，督促整改落实，及时向师生员工反馈结果。教代会、团代会、学代会等对信息公开事项有质询权，对它们提出的疑问和要求，信息公开领导小组应当及时答复，发现问题及时整改。

学校对学院信息公开工作进行考核，对不按信息公开制度推进工作，造成政治、经济等不良后果的，要依照有关规定追究学院主要领导责任。

5. 规范管理。信息公开的内容、群众反馈的意见、整改的情况和结果等有关资料，由学院办公室专人负责收集整理，规范存档，便于查阅。

（二）信息公开的时限

上级有关信息公开政策性、指导性、规范性的文件，以及学院信息公开实施办法和办事依据、办事程序等文件要长期公开。对于一些经常性工作，如学院改革和发展的重大决策和发展规划、学院年度工作计划和总结、学院年度教代会审核的财务决算报告等重大事项要定期公开。对于一些临时性工作，如职称评定、教职工奖惩，尤其是教职工切身利益事项等内容，要根据工作开展情况及时公开。

公开时限应根据院务公开的项目、内容确定，分别实行长期公开、定期公开、即时公开。如上级文件有规定的，按文件要求确定公开时限。

学校其他二级单位的信息公开工作参照本办法执行。本办法自印发之日起实施。

延伸阅读

校务公开凝人心　民主管理增内涵

M中学有着悠久的历史与优良的办学传统。近年来，学校坚持把“创建和谐发展、百姓满意的绿色学校，培养健康主动、快乐成长的现代新人”作为办学目标，非常重视校务公开的完善与落实，将其作为“绿色”内涵的充实和拓深，在新基础教育研究和现代学校建设过程中，切实地加强学校民主管理，促进了学校内部管理体制改革，初步形成“协力、融通、合作、成长”的校园文化，有效地提升了办学质量。

一、健全组织，分工合作

学校建立了校务公开领导小组、工作小组和监督小组，分别由校长、书记、副书记、工会主席任组长。领导小组成员由行政、支部书记、教职工代表组成，全面负责校务公开工作的策划部署；工作小组成员由学校有关职能部门负责人组成，全面落实校务公开工作的具体实施；监督小组成员由学校党、政、工、团、教师、社区监督员、家长代表组成，全面负责校务公开工作的监督。形成了主要领导负责，层层抓落实的领导体制，为校务公开的全面推行提供了强有力的组织保证。

为了保证校务公开的有效真实实施，学校在部门组织架构上进行科学设计，大胆改革，形成"行政建制与非行政民主管理协同合力、群策群力"的工作局面，使全校教职工等都能参与到整个学校工作的全过程。

二、构建制度，民主管理

学校内部的管理制度，是校务公开的保障和依据。M中学构建起学校内部制度的系统框架，并形成其中一个很重要的板块——"推进校务公开，加强民主管理"的制度。他们把学校最重要的制度以及教职工最需要的帮助，整理成《学校章程》，并在实践中不断听取意见，进行动态完善。一些直接关系到教职工切身利益和学校办学质量的重要制度，学校几经讨论，反复修改，还在实践中进行试运转，最终获得教代会审议通过。这个过程，既是教职工参与学校制度管理的体现，有助于增强制度本身的周密性与可行性，也是一种对制度的学习与了解，有利于增强执行制度的自觉性和有效性。这使学校内部管理更加规范，朝着科学人文、民主高效的方向不断发展，构成了由"学校行为规范章程""校务民主管理制度""教育教学工作制度""评价反馈激励制度"四大模块组成的新制度系统。

《学校章程》和《学校新三年发展规划》等都是严格按照校务公开的程序进行：保证了教职工的民主参与，前有知情权与建议权；中有参与权与审议权；后有调整权与监督权，促进内涵建设的真正"落地"。

三、建立机制，规范操作

校务公开不仅需要制度，更需要建立切实可行的有效机制，才能保证教师参与“决策、实施、评价、调整”的全过程。

（一）重大决策要透明

M中学落实《学校重要工作集体讨论制》，每一项重大决策的制定，首先由校务会提出初步方案后，再在全体教职工中公开，收集各种意见和建议，不断完善，最后召开教代会讨论通过。这样，既使教职工了解决策的过程，又能集思广益，保证了决策的科学性，也为决策的顺利执行打下了坚实的群众基础。

公开的内容主要是学校大事，如改革方案、规章制度等；教职工关注的问题，如干部任免、各类评选、经费收支等；社会热点，如学校收费、师德评议等。学校重大工作于上一周的周五公示；学校财务收支情况在年末通报。临时性工作以及其他需要随时公开的事务根据需要灵活公开，如每周教职工大会、学校即时通沟通平台、公告栏等。

为了使决策能够更好地体现群众的意志，学校通过各种渠道开展“建议征集”，学期末还运用调查问卷形式，欢迎教职工们对校园建设规划、学校招生工作、教代会议案处理、日常收费工作、校务公开方式、每月工作质量考核、科研成果评定等各方面工作进行民主监督，提出合理化建议，并纳入学校工作日程。

（二）实施过程要监督

学校各部门除了要公开期初计划和期末总结以外，对自己所承担的重大项目进展情况，也必须及时在校务会以及全校教职工大会上进行通报，听取反馈意见；学校录用与培养干部，必须按照《干部推荐、培养、任用、考核制》，分阶段进行公示与考核，校长书记、中层干部每学期要向全体教职工进行工作述职，接受多元评价；学校还制定了《教育收费规范操作流程》，定期自查自纠，受到了上级和群众的好评。

（三）评价考核要公正

经过多年的实践验证，学校的“教师评价考核”机制已经日趋完善，不仅有评价标准，还有一整套具体可操作的程序和方法，其评价原则是“四突出”：一是标准突出重点：根据学校工作重点与特色，突出教师所取得的重要成绩。二是程序突出公正：运用民主管理途径动态生成，让教师在直接参与讨论的过程中，提高制度执行的自觉性，获得“自我实现”的快乐。三是方法突出导向：既关注个体发展，更关注团队合作，重点奖励年级组、教研组、备课组、学科团队等。四是结果突出期待：既是对教师工作成绩的肯定、问题的诊断，更是对教师发展方向的引领，更能体现“人人都有自信与追求”的特色效果。

（四）后续调整要落实

M中学认为，校务公开不仅仅指公开背景政策、公开实施情况、公开办事结果，更要公开对问题的解决程度以及改进措施。为此，该校采取了进一步沟通和落实的机制，成立了“调解委员会”和“评议监督委员会”等非行政民主管理组织，亲身参与从策划到运行再到反馈调整的全过程，充分发挥作用，这样对学校工作全局整合及全面协调起到很好的作用。

四、拓展载体，沟通渠道

（一）基本载体——教代会、全体教职工大会（包括小组会）

近年来，学校教代会讨论通过了学校发展规划、规章制度、奖励方案等，充分发挥教代会制度作为校务公开主渠道的作用。此外，学校还通过不定期的全体教职工大会以及根据需要召开的各类组长通报会等，让教职工随时了解学校的真实情况，增加民主管理的透明度，取得教职工的理解与支持。

（二）其他载体

在积极发挥教代会基本载体作用的同时，M中学还不断拓展和丰富其他有利于公开的载体形式。

1. 会议类

恳谈会：学校部门或工会经常组织各种层次、各种专题的小型会议，在真诚的座谈中公开校务、征求意见、研究问题、加强管理、服务师生，不仅使学校各项工作运转顺利，而且使干群关系更加密切融洽。

家长会（家长学校、家委会、家长志愿者沙龙）：让家长了解学校的办学思想、教育改革、校园建设、招生情况、学校收费等，注意发挥三级家委会的作用，配合年级与班级进行自主管理、自我教育。

团代会：每届团代会都成为师生们共同的节日，成为学生履行主人职责的最佳平台，每一份提案都得到重视与回应，有效地促进了校园文化、课堂教学和班队活动的优化。

议事会：每学期初和学期末，召开例会，向“M中学教育联盟”的各学校代表通报学期工作规划与项目达标报告，研究教师队伍建设、筹划校园开放、志愿者服务等联合行动方案，开展师德师风调查等。

2. 发布类

（1）面向教师与职工的有：

校务公示栏：干部任职、培训安排、各类评选、会议通知、纳税结算、外出活动等；

校园网站和即时通工作平台：课表、校务会纪要、规章制度、专题讨论、信息交流、校本培训等；

OA办公系统：任务发布与上传，部门计划与总结，项目方案与进展，每月工作考核等。

（2）面向学生与家长的有：

告家长书：紧急通知、师风调研、考试安排、假期提示、活动告示、专题宣传等；

和谐校园网、“M中学”微信公众号：学校面貌、部门特色、班级管理、学生成长、信息交流、文化传递等。

（3）面向社区和社会的有：

校外公告栏：政策发布、每日午餐、招生通告、收费标准、重大活动、校园开放等；

电子滚动屏幕：学生活动实况、国内外嘉宾来访、校园特色、师资建设、学习资源等。

3. 沟通类

家校通：班主任进行家校联系与工作研究，及时告知作业安排、项目收费、友情提示等；

调查问卷：针对师风建设、办学方向、改革成效和教育热点问题进行一些专题调研等；

家长开放日：学校课程建设、校园节日、学生活动、亲子互动等；

校长接待日、校长信箱与热线电话：主要是回应家长与社区百姓提出的意见和问题等。

通过上述校务公开民主管理工作的开展，有效地促进了学校内涵发展，其成效主要体现在以下几个方面：

一是构建了一套比较科学、合理的学校管理制度体系，初步形成了具有扁平特征的新型结构，建立层次与系统之间积极、双向、有效互动的创生性运行机制，保障了全体教职工真正拥有知情权、建议权、参与权和监督权、评价权。

二是领导团队团结勤勉，廉洁自律，办学思想明确，工作能力增强，干群关系密切，形成和谐互启的民主管理风格，形成了较强的凝聚力。

三是教师专业发展与培养初见成效，教师的基本素养普遍提高，创造了灵活有效的校本研修方式和一系列优秀工作法，积极参与教育教学研讨、竞赛，为区域教育改革贡献了力量。

四是学校与家庭、社区关系和谐，学校的教育资源对社区开放共享，学校积极联络社区与单位提供实践基地，便于师生进行社会实践活动；学校工作有家长志愿者关心支持帮助，形成良好的教育生态环境。

第二章
教代会工作

19. 教代会是什么性质的组织机构?

根据《学校教职工代表大会规定》第三条第一款规定，学校教职工代表大会是教职工依法参与学校民主管理和监督的基本形式。

对于教代会民主管理机构性质的理解，注意把握以下几点：第一，不能将教代会看作学校管理的民主咨询性机构。这是因为民主咨询对于学校领导人的决策只能起辅助和参考作用，是没有约束力的。而教代会对涉及教职工切身利益的一些重要事项，具有相应的审议通过权。第二，不能将教代会看作学校管理的最高权力机构。教代会这个机构应当是有权力的，但权力的运用范围是有限定的、特指的，这就是教代会的职权，超出这个范围使用权力，就会扭曲教代会的性质，发生越权现象，给学校管理带来不利的影响。第三，教代会是广大教职工通过自己的代表行使民主权利、实施民主管理的重要形式。第四，与工会不同，教代会不是群众组织，而是学校的管理体制中负责民主管理工作的基本组织形式和制度，是学校的管理体制中不可或缺的一个重要组成部分。

之所以说教代会是教职工依法参与学校民主管理和监督的基本形式，是因为教代会并不是学校民主管理的唯一形式，学校民主管理的形式多种多样，如前所述的校务公开、协商会、恳谈会、沟通会、听证会等，都是民主管理的有效形式，但不是基本形式，唯有教代会是基本形式。与学校的其他民主管理形式相比，教代会更具有基础性、重要性、规范性和优越性，因为它具有广泛的代表性和适用性、职权的多样性和开放性、完整的组织制度和工作制度、一定的权威性和法律效力。

总之，教代会属于教职工民主管理范畴，它与学校行政管理相辅相成、互相促进。教代会在同级党组织领导下开展工作。教代会作为教职工参与学校民主管理的基本形式，是学校管理体制的重要组成部分。《教育法》明确规定，各级各类学校按照国家有关规定建立和健全教职工代表大会制度。充分发挥教代会作为教职工民主管理主渠道的作用，是学校民主政治建设中最重要的一项工程。教代会在工作实践中，通常是“党组织领导、行政支持、工会运作、教职工参与”的工作机制。

20. 教代会经历了怎样的发展历程?

1978年10月，教育部颁发的《全国重点高等学校暂行工作条例（试行草案）》中规定：“在党委领导下，定期举行师生员工代表大会，听取校长的报告，讨论学校有关重大问题，对学校工作提出批评建议，对学校领导干部进行监督。”1979年，教育工会恢复组织活动后，参照企业实行职代会制度的经验，在辽宁、上海部分高等学校和中小学校，开展建立教代会制度的试点工作。

在试点取得效果后，1980年4月，全国教育工会在上海召开了部分省市教代会试点经验交流会，形成了《关于在学校建立教职工代表大会制度的试点情况报告》。同年6月，全国总工会党组给中共中央书记处写了《关于学校试建教工代表大会制度的请示报告》，经中央批准后，在全国各省市的学校中普遍开展试点工作。1981年1月，教育部和全国教育工会在北京召开了“教工代表大会试点汇报座谈会”，形成《教工代表大会试点汇报座谈会纪要》。

1985年1月，教育部和全国教育工会联合颁发了《高等学校教职工代表大会暂行条例》。同年5月，党中央作出的《关于教育体制改革的决定》指出：“要建立和健全以教师为主体的教职工代表大会制度，加强民主管理和民主监督。”这个决定，明确地把实行教代会制度列为教育体制改革的重要组成部分，也是实行校长负责制的新的领导体制的有机组成部分。在这之后，部分学校开始试行校长负责制，教代会工作进入了全面发展阶段。

随后，1993年通过的《中华人民共和国教师法》、1995年通过的《中华人民共和国教育法》、1998年通过的《中华人民共和国高等教育法》、2002年通过的《中华人民共和国民办教育促进法》，都对学校应当建立以教师为主体的教代会制度、保障教职工参与民主管理和监督的权利提供了有力的法制保障，极大地推动了各级各类学校教代会制度的发展。

在继续普及教代会制度的同时，为了把工作重点转移到提高教代会的质量上来，大力推进教代会的制度化和规范化建设，1996 年 10 月，全国教育工会发布了《关于开展教代会评估工作的意见》。该文件提出要“把教代会评估纳入督导检查和学校整体工作评估的体系中去，并把教代会评估的结果作为综合考核学校工作的依据之一，作为有关评先表彰工作的条件之一”。

1999 年，校务公开工作的推行又给教代会增添了新的工作内容。校务公开营造了公开、公正、公平的民主氛围，激发了广大教职工的主人翁精神，激励他们知校情、参校事、议校政。作为校务公开的基本载体，教代会在校务公开工作的开展过程中，也迎来了自身的黄金发展期。学校财务的预决算与收支情况、基建修缮工程承包事宜、大宗物资与设备采购情况、事业性收费项目与标准的拟定以及招生情况逐步纳入教代会的审议范围，教代会作用日益明晰。2010 年，国家发布《国家中长期教育改革和发展规划纲要（2010—2020 年）》，明确要求各级各类学校加强教职工代表大会建设。教育部政策法规司与中国教科文卫体工会紧密合作，深入调研，广泛听取各方意见，围绕教代会建设制定能够“体现时代精神、切合学校实际、得到党政和教职工普遍认可”的制度法规。2011 年 12 月，经商中华全国总工会同意，教育部颁发《学校教职工代表大会规定》，这标志着教代会制度进一步走向制度化、规范化。

回顾发展历程，教代会制度自建立以来，经过四十多年的发展，呈现出以下几个显著的特点：由高等院校发展到各级各类学校，适用范围日益扩大；由暂行条例发展到部颁规章，制度体系日渐完善；由会议制度发展到工作制度，质量明显提高；由工作试点发展到制度规定，职责权力逐渐落实；由组织机构发展到组织网络，自身建设日趋加强。

在持续四十多年的发展基础上，教代会工作取得了可喜的成绩。一是运作日趋规范。现在，绝大多数学校能坚持每年定期召开教代会，听取校长的工作报告，征集代表提案；大会闭会期间，执行委员会和教代会联席会议积极开展日常的民主管理工作。二是制度逐步健全。随着工作的拓展，许多学校相继制定了教代会提案制度、教代会代表调研制度、教代会代表巡视制度、教代会民主沟通制度等，对教代会制度的完善与创新作了积极的探索。三是作用日渐增强。教代会制度在加强学校民主政治建设，维护教职工合法权益，推进教育改革和发展等方面发挥了重要作用。

21. 教代会制度有哪些特征？

（1）教代会具有广泛的群众性和代表性。教代会代表来自学校各个方面，涵盖了学校各个层次的教职工，代表和反映不同层次群众的意愿和呼声。

（2）教代会具有一定的权威性和约束力。《学校教职工代表大会规定》中明确了教代会在规定范围内行使各项职权。教代会审议通过的事项，学校有关方面应当实施、执行。教代会的提案，应当认真落实、处理。

（3）教代会具有较完备的工作制度和组织体系。教代会有诸如会议、提案、表决、培训和档案管理等一系列工作制度。教代会有主席团、代表团（组）、专门委员会（工作小组）、联席会议、工作机构等组织体系。规模较大的学校，还有院（系）教代会（或教职工大会）、组室教职工会议等。

（4）教代会具有一定的法律地位。我国《教育法》《教师法》《高等教育法》《民办教育促进法》以及《学校教职工代表大会规定》等法律法规都对教代会作出了明确规定。

（5）教代会经受了实践检验。学校教代会制度从试点到普及，经过了四十多年时间，在学校改革和发展中发挥了不可替代的作用。

22. 教代会的组织原则是什么?

《学校教职工代表大会规定》第六条规定:"教职工代表大会在中国共产党学校基层组织的领导下开展工作。教职工代表大会的组织原则是民主集中制。"民主集中制的含义,就是坚持民主基础上的集中和实行集中指导下的民主。教代会实行民主集中制,反映了职工群众、教代会代表必须个人服从组织和少数服从多数的工作要求。具体来说,教代会的民主集中制原则主要体现在以下几个方面:

(1)自下而上和自上而下。教代会的议题、决议或决定的形成,各类候选人的产生等,要充分发动职工群众参与,广泛听取各方面的意见,充分发扬民主。决议或决定一经通过,各方面应当执行,任何人或组织未经教代会规定程序,无权擅自修改或否定。

(2)少数服从多数。教代会的表决或选举,应根据需要或采取举手方式,或采用无记名投票方式。到会代表、赞成票均须达到法定数方为有效。任何人或组织应当尊重表决或选举结果。

(3)平等权利和共同义务。教代会代表在教代会上都是平等的,均应享受应有权利、履行共同义务。代表可在规则允许的范围内就学校工作或教代会工作充分表达自己的意见,任何人不应加以限制;代表应该在教代会职权范围内活动,没有也不应该有特殊代表。

23. 教代会有哪些职权?

《学校教职工代表大会规定》第七条第一款规定,教职工代表大会的职权是:

(1)听取学校章程草案的制定和修订情况报告,提出修改意见和建议;

(2)听取学校发展规划、教职工队伍建设、教育教学改革、校园建设以及其他重大改革和重大问题解决方案的报告，提出意见和建议；

（3）听取学校年度工作、财务工作、工会工作报告以及其他专项工作报告，提出意见和建议；

（4）讨论通过学校提出的与教职工利益直接相关的福利、校内分配实施方案以及相应的教职工聘任、考核、奖惩办法；

（5）审议学校上一届（次）教职工代表大会提案的办理情况报告；

（6）按照有关工作规定和安排评议学校领导干部；

（7）通过多种方式对学校工作提出意见和建议，监督学校章程、规章制度和决策的落实，提出整改意见和建议；

（8）讨论法律法规规章规定的以及学校与学校工会商定的其他事项。

教代会上述八项职权可归纳为讨论建议权、讨论通过权和评议监督权。讨论建议权主要包括听取校长工作报告，讨论审议学校发展、建设、改革等重大问题，可以使学校党政的决策更加符合本校实际，更加民主化和科学化，更加具有群众基础。讨论通过权主要包括凡是学校内与教职工切身利益密切相关的事项，都要经过教代会审议通过。该项职权是教代会职权中必须具备的重要内容，是教职工通过教代会维护合法权益的主要职权。评议监督权主要是指按照有关工作规定和安排评议学校领导干部，监督学校章程、规章制度和决策的落实。

24. 教代会主席团如何产生？

根据《学校教职工代表大会规定》第二十二条规定，教职工代表大会在教职工代表大会代表中推选人员，组成主席团主持会议。主席团应当由学校各方面人员组成，其中包括学校、学校工会主要领导，教师代表应占多数。

需要注意的是，主席团不是权力机构，只是教代会开会期间的会议组织领导核心。主席团向教代会负责，不能代替教代会行使职权。主席团成员必须是本届教代会的正式代表。从一些学校的做法看，主席团人员通常有 7~23 人，具体可根据各学校教代会代表数自行确定。主席团实行执行主席制，由执行主席轮流主持大会。根据工作需要，大会可设立秘书长，一般由当选为主席团成员的工会主席或常务副主席担任。人数较少的中小学实行教职工大会制度的，可以不设立主席团，由工会主席主持会议。

主席团的主要职责是：

(1) 组织、主持大会期间的各项活动，处理大会期间发生的问题；

(2) 听取、讨论各代表团（组）、专门委员会（工作小组）对各项议题的讨论和审议意见；

(3) 讨论、审议提交大会表决的议题、议程以及决议、决定草案等；

(4) 研究决定其他重大问题。

主席团产生的程序通常是：

(1) 由学校工会根据教代会的相应规定，并在征求代表团（组）意见的基础上，提出主席团组成方案和人选建议名单；

(2) 将主席团组成方案和人选建议名单报请同级党组织审查同意；

(3) 将主席团人选建议名单提交大会预备会议选举通过。

由于大会主席团只在教代会开会期间履行职责，它不能代替教代会行使职权。另外学校工会是教代会的工作机构，闭会期间的日常工作由学校工会承办；闭会期间遇有重大问题需要教代会审议时，可召开教代会联席会议进行研究处理。因此，教代会一般不需设立常设主席团。

在实践中，有的学校教代会设立了常设主席团，监督教代会决议、决定的执行，负责专门委员会（工作小组）的工作，主持代表团（组）长会议等。但是，要处理好常设主席团与学校工会作为教代会工作机构的关系。还有的学校教代会主席团实行常任制，即每届教代会在首次会议上选举出的主席团，负责主持本届教代会的各次会议，这样就不必每次会议都要选举主席团，如届内主席团成员有变化时，可进行调整补选。

25. 如何设置教代会代表团（组）?

根据《学校教职工代表大会规定》第十条第二款规定，教职工代表大会代表可以按照选举单位组成代表团（组)，并推选出团（组）长。

为保障教代会代表不仅在教代会召开期间能够发挥作用，而且在教代会闭会期间也便于开展活动，教代会代表按选举单位组成代表团（组)，如选举单位的代表人数较少时，也可由工作性质相近的两个或两个以上单位的代表联合组成。

组成代表团（组）后，要推选团（组）长。每一个代表团（组）设团（组）长一人，副团（组）长1~2人。一般情况下团（组）长由本单位工会主席担任。正、副团（组）长由本代表团（组）代表选举产生。

团（组）长的主要职责是：

(1) 大会召开前，负责收集反映职工群众的意见、建议，征集并转送代表的提案，提出大会议题的建议；

(2) 大会召开期间，组织本代表团（组）的各项活动；

(3) 大会闭会后，负责传达教代会的精神和大会的决议、决定，负责组织本代表团（组）代表活动；

(4) 参加学校召开的代表团（组）长和专门委员会（工作小组）负责人联席会议；

(5) 根据各学校的实际，可以参加本单位党政有关会议，协同本单位工会承担处理本单位教职工日常民主管理工作。

26. 如何设置教代会专门委员会（工作小组)?

根据《学校教职工代表大会规定》第二十三条规定，教职工代表大会可根据实际情况和需要设立若干专门委员会（工作小组），完成教职工代表大会交办的有关任务。专门委员会（工作小组）对教职工代表大会负责。但对于学校教代会究竟应该设立哪些专门委员会（工作小组），并没有统一规定，各学校可根据具体情况设立。规模大的学校可以多设几个，规模较小的可以少设一些，也可以只设立一个综合性的民主管理委员会或小组。专门委员会（工作小组）的名称，各校可根据具体情况而定。目前许多学校设有教学科研、生活福利、规章制度、评议监督、提案工作等专门委员会（工作小组）。

教代会专门委员会（工作小组），作为教代会下设的专门工作机构，主要承担以下任务：

（1）对提交教代会审议的有关议案，预先进行调查研究和论证，向大会主席团或教代会代表团（组）长联席会议提供审议意见的建议；

（2）征集、处理和落实教代会提案；

（3）督促、检查有关部门贯彻执行教代会决议；

（4）提出教代会民主评议领导干部实施方案的建议并组织实施；

（5）大会和学校工会交办和委托的其他任务。

教代会专门委员会（工作小组）的工作有一定的专业性，其成员应以熟悉这方面业务的代表为主，可适当聘请一些非代表的教职工参加。专门委员会（工作小组）的负责人，应由熟悉业务、有一定组织领导能力的教代会代表担任。每个专门委员会（工作小组）的人数，可根据工作简繁、工作量大小等因素酌情决定，一般以3~9人为宜。

教代会专门委员会（工作小组）的产生程序是：学校工会或大会主席团提出专门委员会（工作小组）的设置和组成人选方案；同学校行政进行协商；提交教代会审议，经大会表决通过；各专门委员会（工作小组）召开全体会议推选负责人。

27. 教代会专门委员会（工作小组）如何开展工作?

教代会专门委员会（工作小组）要按照各自工作重点，履行职责。如教学科研委员会（工作小组），主要围绕审议学校关于教学、科研方面的重要决策开展工作；生活福利委员会（工作小组），主要围绕审议有关教职工生活福利的重大事项和维护教职工合法权益开展工作；评议监督委员会（工作小组），主要围绕组织民主评议领导干部和参与组织民主推荐干部开展工作；规章制度委员会（工作小组），主要围绕审议学校有关重要规章制度的制定和执行开展工作；提案委员会（工作小组），主要围绕大会提案的征集、立案、处理和落实开展工作。

由于教代会专门委员会（工作小组）的成员多为不脱产的教职工代表，不宜承担太多的工作任务。因此，应根据各专门委员会（工作小组）的工作性质、任务、工作量等具体情况，开展相应的工作。主要包括：

（1）明确工作任务和目标，制定活动计划。一般每学期制定一次活动计划，计划要突出本委员会（工作小组）的特点、每次活动的重点。活动的时间以每月安排一次为宜。

（2）开展调查研究，广泛听取职工群众的意见和建议，增大信息量。

（3）在召开大会期间，积极、主动地为大会主席团当好参谋，对提交大会审议的议案预先进行研究论证，向主席团提出审议意见的建议。

（4）闭会期间，要保持与学校工会的联系，并在其主持下开展工作；要保持与学校行政有关部门联系，交流情况，讨论问题。

28. 如何设置教代会执行委员会?

《学校教职工代表大会规定》第二十四条第一款规定，教职工代表大会根据实际情况和需要，可以在教职工代表大会代表中选举产生执行委员会。

执行委员会委员必须是本届教代会正式代表，且教师代表应占多数。执行委员会一般由 11~21 人组成，设主任 1 名，副主任 2~3 名。原则上由当选的分管教代会工作党委领导担任主任，校工会主席担任副主任兼秘书长。

执行委员会的主要职责是：教代会闭会期间，遇有急需解决的重要问题，可由执行委员会联系有关专门委员会（工作小组）与学校有关机构协商处理，其结果应向下一次教代会报告，并予以确认。执行委员会根据教代会的授权，可承担教代会工作机构的有关职责。

29. 什么情况下可以召开教代会代表团（组）长联席会议？

教代会闭会期间，遇到某些重大问题需要临时协商或讨论决定，可以由学校工会主持召开代表团（组）长联席会议。出席成员有各代表团（组）长和各专门委员会（工作小组）负责人，必要时可以邀请学校工会委员会委员、学校党政负责人或其他有关人员参加会议。

代表团（组）长联席会议涉及的内容只能是临时遇到但又必须由教代会解决的问题，以及与民主管理有关工作。涉及全校性的重大问题，应召开教代会协商解决。代表团（组）长联席会议形成的决定或处理意见，应向下一次教代会报告，并予以确认。

30. 什么情况下可以召开教代会临时会议？

《学校教职工代表大会规定》第十七条第二款规定，遇有重大事项，经学校、学校工会或 1/3 以上教职工代表大会代表提议，可以临时召开教职工代表大会。

通常来说，教代会临时会议是就解决某项重大问题而举行的全体会议。它与定期召开的教代会相比，具有会期短、议题单一、程序简单等特点。临时会议只能作为教代会的一种补充形式，不能替代教代会。临时会议由学校工会负责召集。会议的各项筹备工作也由学校工会在同级党组织的领导下具体负责。

31. 教代会的经费由谁承担？

《学校教职工代表大会规定》第二十七条规定，学校应当为学校工会承担教职工代表大会工作机构的职责提供必要的工作条件和经费保障。

教代会经费是学校教代会正常运作的物资保障。教代会是学校工作的重要部分，学校应当从各方面创造必要条件，支持教代会工作。参照财政部有关文件规定精神，学校召开教代会应提倡节约。会议确实需要开支的费用，可以从学校行政管理费中支出。

教代会经费一般包括：教代会会务支出、会议材料，以及组织教代会代表开展日常民主管理活动、开展代表培训等支出。

32. 教代会的组织规则有哪些？

《学校教职工代表大会规定》第四章明确了教代会的组织规则：根据一定人数应当建立教代会制度或建立由全体教职工直接参加的教职工大会制度；定期召开教代会，每学年至少召开一次。遇有重大事项，经学校、学校工会或1/3以上教代会代表提议，可以临时召开教代会；教代会每3年或5年为一届，期满应当进行换届选举；教代会须有2/3以上教代会代表出席；大会议题应当根据学校的中心工作、教职工的普遍要求，由学校工会提交学校研究确定，并提请教代会表决通过；教代会的选举和表决，须经教代会代表总数半数以上通过方为有效。同时还对代表的产生、大会主席团组成人员、执委会产生、设立若干专门委员会（工作小组）作出了规定。

33. 教代会的会议流程是什么样的?

教代会一般由预备会议和正式会议两部分组成。预备会议是指在正式会议之前举行的会议。其主要任务是为大会正式召开做好思想上和组织上的准备。预备会议的主持有两种情况：一种是在大会主席团未选出之前，由工会主席或副主席主持；另一种是主席团选出之后，由大会主席团推选执行主席主持。通常届内各次教代会不重新选举主席团，届内预备会议均由主席团主持。

教代会预备会议的主要议程有：

（1）向大会报告本届（次）教代会的筹备情况；

（2）通过代表资格审查委员会关于代表资格的审查报告；

（3）通过大会主席团成员名单和秘书长、副秘书长名单；

（4）通过教代会常设机构设置，选举产生专门委员会（工作小组）组成人选；

（5）通过大会议题和议程；

（6）如有增补代表事项时，做关于代表增补情况的说明；

（7）通过、决定大会其他事项。

教代会正式会议由主席团推选的主持人主持。工作人员清点出席本次会议的人数，并向大会主持人报告。正式会议的主要议程有：

（1）听取学校年度工作报告；

（2）听取各专门委员会（工作小组）工作报告（可为书面报告）；

（3）可根据工作需要，听取学校财务工作报告、发展规划方案、薪酬改革方案等有关改革方案和专项工作报告；

（4）确认闭会期间决定事项；

（5）表决大会决议和方案及其他事项。

一般来说，教代会正式会议期间应安排一定的空隙时间，主要用于代表团（组）讨论、主席团活动以及学校领导研究教代会代表的意见和建议。

工作范例

学校教代会总流程图

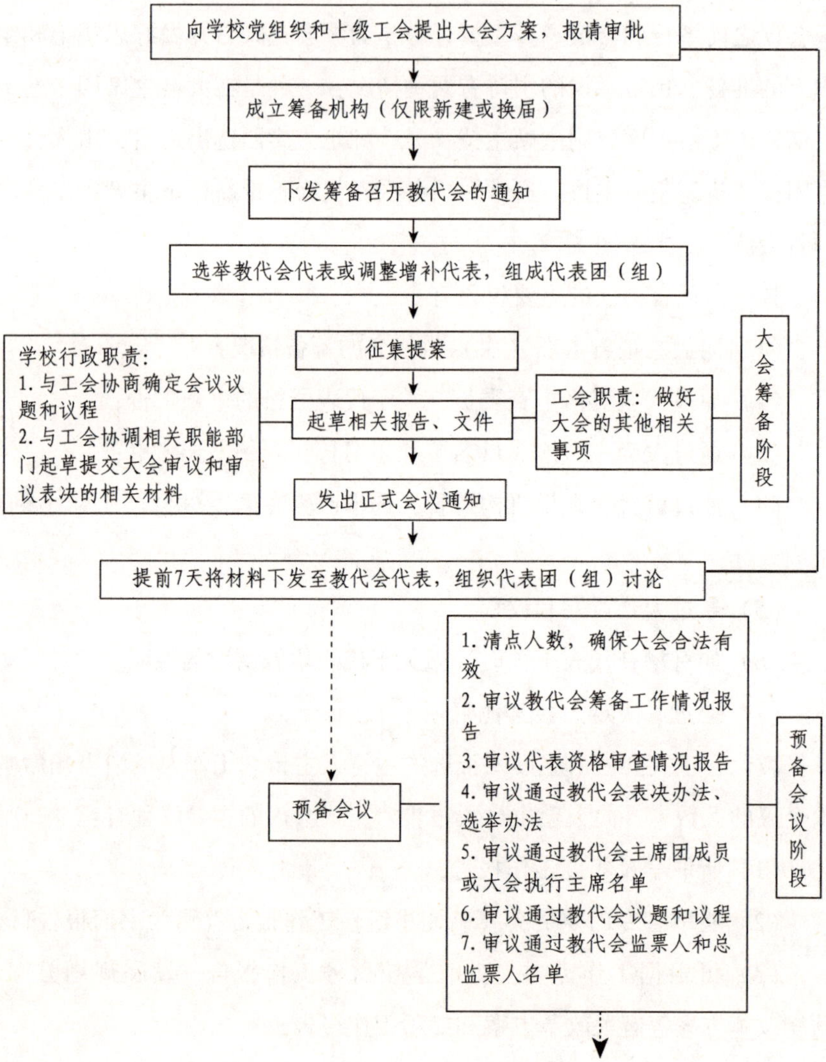

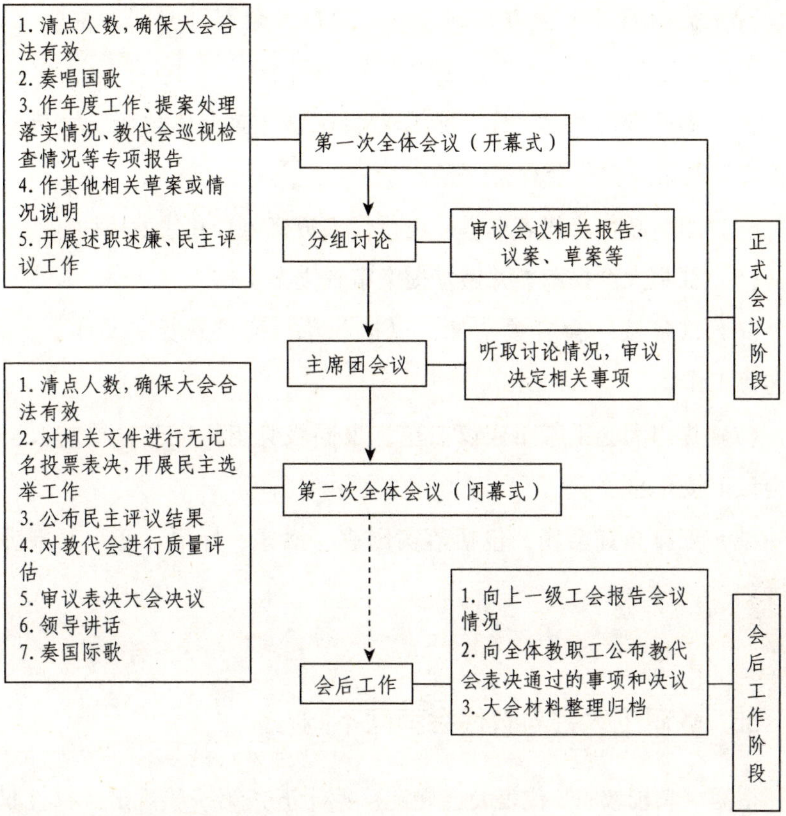

34. 如何做好教代会的筹备组织工作？

承担教代会筹备组织工作主要有两种形式：一种是以工会委员会为主，会同学校有关部门共同承担；另一种是成立专门筹备组织，由同级党组织负责人挂帅，学校工会以及学校有关职能部门负责人参加。无论采用哪种形式，学校工会作为教代会的工作机构，应当在筹备工作中起主要作用，并在同级党组织领导下，做好各项工作。大会的筹备工作，主要有以下内容：

（1）进行调查研究，为召开大会做准备。主要调查了解教职工当前关心的热点问题；对学校民主管理的反映和意见；需提请大会讨论的问题；关于开好教代会的建议；等等。

（2）提出召开大会方案的建议。包括大会召开时间、主要议题、主要程序、选举代表方案等，报同级党组织同意。

（3）做好宣传发动工作。结合大会议题，向全体教职工宣传党的有关方针政策及教代会有关内容。

（4）组织教代会代表选举，进行代表资格审查和代表培训。

（5）征集大会提案，并做好提案审查立案工作。

（6）准备教代会有关文件，包括起草、征求意见、文印、分发、传递等工作。

（7）提出大会主席团建议名单，报同级党组织同意，提交大会预备会议审核并通过。

（8）安排布置会场，包括落实国旗、横幅、标语、音响、摄影事项等。

35. 教职工大会与教代会有何不同？

根据《学校教职工代表大会规定》第十五条第一款规定，有教职工80人以上的学校，应当建立教职工代表大会制度；不足80人的学校，建立由全体教职工直接参加的教职工大会制度。教职工大会制度的性质、领导关系、组织制度、运行规则等，与教职工代表大会制度相同。两者的区别主要在于教职工大会由全体教职工参加，不用进行教职工代表的选举，而教职工代表大会是由民主选举产生的教职工代表参加。

在工作实践中，特别需要注意的是，要区分好两种不同性质的教职工大会：一种是教代会性质的教职工大会，有的学校叫教职工民主管理大会；另一种是平常由学校党政组织召开的教职工会议或教职工大会，不能把两者混为一谈。它们的区别主要在于：

（1）性质不同。前者是民主管理和监督的基本形式，属于民主参与的范畴。后者是党政主导的推进工作的会议，属于行政管理的范畴。

（2）主体不同。前者是教职工依法参与学校民主管理和监督的基本形式，其主体是教职工。正因为主体是教职工，所以会议通常是由学校工会主席主持。后者召开的主体是由学校党政或管理者召集、主持，是自上而下对教职工进行宣传教育或布置工作任务等性质的会议，体现的是会议召集人的意志。

（3）组织方式不同。前者的召开一般是定期，议题来自教职工群众，会议有规定的组织规则等。后者的召开则是按照党政的计划和工作需要，并不需要太多的会议规则。

工作范例

××学校教职工大会制度

第一章 总 则

一、根据《中华人民共和国宪法》第二条“人民依照法律规定，通过各种途径和形式，管理国家事务，管理经济和文化事业，管理社会事务”的规定以及《中华人民共和国教育法》第三十条和《中华人民共和国教师法》第七条第五款规定，依据国家教育部颁布的《学校教职工代表大会规定》，结合我校实际制定本实施细则。

二、教职工大会制度是学校管理体制的重要组成部分，是学校教职工依法行使民主权利，参与民主管理和民主监督的基本制度和形式。

三、教职工大会接受学校党组织的领导，坚持四项基本原则和党的基本路线，在宪法和法律的范围内行使职权。教职工大会要正确处理国家、集体、个人三者的关系，调动广大教职工的积极性。

四、教职工大会要尊重和支持学校党政班子依法依规行使职权；学校党政班子要尊重和支持教职工大会依法行使民主管理的权利。

五、教职工大会的组织原则是民主集中制。

第二章 职权和职责

六、教职工大会的主要职责：

（一）参与学校重大问题的研究与决策，支持学校党政班子依法行使管理职权，维护行政指挥的权威；

（二）民主监督学校领导干部；

（三）教育教职工增强主人翁责任感、遵守纪律，服从指挥。

七、教职工大会的主要职权：

（一）听取校长工作报告，讨论审议学校的年度工作计划，发展规划，改革方案，财务预决算，教职工队伍建设以及校长认为需要提交讨论的重大问题，提出意见和建议，并对其实施作出决议。

（二）讨论通过教职工奖惩条例、考核办法等与教职工密切相关的重要规章制度。通过后由校长颁布，交职能部门实施，教职工大会应督促、检查其执行情况。

（三）审议决定教职工福利原则和办法，有关教职工生活福利的其他事项。

（四）监督评议学校领导干部，教职工大会（或工会）会同学校有关部门对学校领导每学年进行一次评议。对学校各部门的工作进行监督。

八、学校党政班子及各部门要尊重和支持工会行使民主管理的职能，定期或不定期向教职工大会报告工作，听取意见和建议，接受教职工大会的检查、评议和监督，认真采纳与实施教职工大会的建议、决议和决定，认真研究和办理教职工大会的提案。

九、教职工大会要引导教职工严格遵守规章制度，以主人翁的态度努力完成教学培训等各项工作和任务，经教职工大会通过或决定的有关方案、规章、条例等在执行过程中若发现问题，应予及时纠正。

十、教职工大会对校长在其职权范围内决定的问题有不同意见时，可向校长提出建议；校长对教职工大会在其职权范围内通过的决议、决定，有不同意见时，可以要求复议，如双方意见不统一时，可将情况报请学校党组织和上级主管部门，协商解决。

第三章　组织制度

十一、教职工大会每学年召开1次，每次必须有应到会职工的三分之二以上的人员出席，大会的表决需经应到会职工半数以上通过方为有效。如遇特殊原因不能如期开会，应向全体教职工说明，取得多数教职工的同意。

十二、教职工大会的议程，应根据学校中心工作和教职工迫切关心的问题，在广泛听取教职工意见的基础上确定，经大会主席团审议后，提请大会通过。

十三、教职工大会在其职权范围内决定的问题，非经大会同意不得修改，对教职工大会的决议和提案，必须认真执行和落实，并向下次大会提出报告。

十四、学校工会是教职工大会的工作机构，具体职责包括：做好教职工大会筹备工作；根据教职工大会职权和教职工要求，提出会议方案及大会议程的建议；征集教职工提案；起草民主管理有关材料和决议；传达贯彻教职工大会决议，办理教职工大会交办的其他事项。

十五、教职工大会所需活动经费（包括会务费和日常工作所需费用），应列入学校财务预算，由行政解决。

十六、本办法自印发之日起执行。此前印发的有关规定，凡与本办法不一致的，以本办法为准。

十七、本办法由学校办公室负责解释。

36. 教代会与工代会有何不同?

（1）性质不同。教代会是教职工依法参与学校民主管理和监督的基本形式；工代会是讨论、决定工会内部重大事项和选举工会领导机构的权力机关。

（2）运行依据不同。教代会主要根据《教育法》《教师法》《高等教育法》《学校教职工代表大会规定》等法律法规以及政策文件的要求开展工作；工代会则根据《工会法》《中国工会章程》《基层工会会员代表大会条例》等法律法规及相关制度文件的要求开展工作。

(3) 职权不同。教代会依法行使对学校重大事项的讨论建议权，涉及教职工切身利益事项的讨论通过权和对学校领导干部的评议监督权等；工代会则审议批准工会委员会工作报告，选举产生工会领导班子，并对其进行民主测评，讨论决定工会工作的重大问题等。

37. 教代会与工代会是否可以合并召开？

工代会即工会会员代表大会。《中国工会章程》规定，基层工会的会员代表大会，代表实行常任制，每年要召开一次代表大会。目前，有一部分学校的教代会与工代会是两个体系，分别召开代表大会，各有自己的一套班子，协调运作。大多数学校采取“双代会”体制，即虽然承认教代会与工代会是两个具有不同意义的会议，各有各的名称，其届次也是各数各的，但是两个代表大会始终同时召开，教代会日常工作完全由学校工会操办。

根据中华全国总工会于2019年颁发的《基层工会会员代表大会条例》第四十三条规定，会员代表大会与职工代表大会应分别召开，不得互相代替。如在同一时间段召开的，应分别设置会标、分别设定会议议程、分别行使职权、分别作出决议、分别建立档案。所以，教代会和工代会应分别召开，如在同一时间段集中召开的，需要强调其职能不得互相代替，可根据议题分段进行，规范会议召开，确保教职工民主权利与工会会员权利得到充分有效保障。

38. 怎样确定教代会的届次和会标？

教代会的“届”是时间概念，是指代表的任期。如果规定三年为一届，三年期满后就要选出下一届代表。教代会开会的“次”，是指在届期内召开大会的序数。一届教代会在届期内，一般要开数次大会。比如，某学校首届教代会规定届期为三年，第一次大会就是首届一次，第二次大会是首届二次……以此类推。满三年换届后再开会，就是二届一次、二届二次……确定、标示教代会的名称和会标，是件严肃的事，不能粗心大意或者随心所欲。

39. 高校怎样建立院（系）级教代会制度?

《学校教职工代表大会规定》第二十八条规定，学校可以在其下属单位建立教职工代表大会制度，在该单位范围内实行民主管理和监督。

随着高校内部管理体制改革的不断深入发展，在扩大学校自主管理权的同时，院（系）级管理权限也逐步得到扩大，在办学、人事聘任、经费使用、内部分配等方面有了更多的权力。与此相适应，需要加强民主管理和民主监督，保障这些权力得到更好运用和发挥。而且，随着教职工民主管理工作不断深入，需要建立多级民主管理制度，院（系）级教代会是其中的重要环节，可以起到承上启下的作用。建立院（系）级教代会制度，有利于调动广大教职工当家作主的积极性，促进院（系）的改革和发展，为整个学校民主管理工作打下良好基础。而且，学校健全上下贯通、互相关联的教代会网络体系，有利于保证更多的职工群众直接参加学校的民主管理，使教代会工作真正做到经常化、制度化。

高校下属的院（系）可参照《学校教职工代表大会规定》的基本精神和学校关于教代会制度建设的相关规定，从院（系）的实际情况出发，分别建立下列不同形式的教职工民主管理制度：

（1）院（系）教代会。相对独立而且教职工人数较多的院（系），可参照学校教代会的模式，建立院（系）教代会制度；

（2）院（系）教职工民主管理大会。教职工人数在 80 人以下的院（系），可建立由全体教职工参加的院（系）教职工民主管理大会制度，但要区别于院（系）行政召开的全体教职工会议；

（3）院（系）教代会代表团会议。建立教代会制度的学校，每个院（系）都有教代会代表团组织。教代会代表团除参加校一级教代会活动外，也可以参与本院（系）的民主管理。把院（系）教代会代表团会议，作为本院（系）民主管理制度，行使一定的民主管理职权。如果代表团的人数较少，可再增选一些代表。增加的人数，只作为院（系）代表团会议的成员。

院（系）教代会、教职工民主管理大会和教代会代表团会议，虽然形式不同，但性质相同，都可作为院（系）级教职工民主管理、民主监督的基本制度，有行使民主管理的权利。采用何种形式，各校可根据自己的实际情况选择。

院（系）教代会的职权主要是：

（1）听取本单位行政领导的工作报告，讨论本单位发展规划、改革措施、教职工队伍建设及其他有关本单位发展的重大问题，提出意见和建议；

（2）讨论通过本单位贯彻执行学校教代会决议、决定和学校重要规章制度的实施办法，讨论通过本单位制定的涉及教职工切身利益的重要规章制度；

（3）讨论决定本单位职权范围内奖惩办法、竞赛办法、创收分配办法、集体福利资金的管理及使用等有关教职工切身利益的问题；

（4）民主评议和监督本单位领导干部，根据学校的有关部署，参与民主推荐本单位的行政领导。

要使院（系）教代会能正常运行，应做好以下几个方面的工作：

一是要主动争取同级党组织的指导和帮助，并取得同级行政领导的理解和支持。

二是要结合本院（系）的实际，制定《院（系）教代会实施规程》，经院（系）教代会通过，作为操作教代会的准则和依据。

三是要规定院（系）教代会的届期，定期换届，并确定“届”数和“次”数。院（系）教代会开会的次数可视具体情况而定，但每学期至少召开一次。

四是要召开教代会必须有明确的议题，议题由本单位工会征求代表和教职工的意见，并与院（系）行政领导协商，经党组织同意后，提交大会主席团或代表会议通过。

五是会议程序可参考学校教代会的程序进行，开会要有一定的仪式，体现出会议的庄严性和权威性。会议的主要书面资料要留存。

六是院（系）一级的工会委员会，要承担院（系）教代会工作机构的任务，主动做好召开教代会的组织工作和日常工作。院（系）教代会可不设立专门委员会（工作小组）。

七是学校工会及院（系）党组织，应当主动关心、指导院（系）教代会工作，及时帮助解决工作中遇到的问题。

微案例

D 大学管理学院五届二次教代会近日在学院报告厅顺利召开。本次会议的议题是对《管理学院教师岗位全光谱考核激励办法》进行表决。会议应到代表 87 人，实到代表 79 人。在投票表决前，院领导对考核激励办法进行了详细解读。考核办法的基本指导思想是贯彻落实教师队伍的分类发展，鼓励教师结合自身特长在不同岗位上同台竞技。通过构建纵横交错的多元价值评价体系——全光谱考核，促进实践、学术、教学三者之间的良性循环，实现知行合一。在考核评价时看水平、看贡献、破“五唯”，多元评价教师取得的成果，体现对内的相对公平性与对外的相对竞争性，提升师资队伍水平，促进学科持续发展。全光谱考核评价体系进一步拓展了以往对教师评价体系的教学、科研、社会服务三方面，共涵盖教学、学术研究、实践研究、研究项目、著作、社会服务、荣誉与奖项七个方面，对每一方面的成果进行细化并赋予相应分值。现场发出选票 79 张，有效选票 79 张，赞成票数 76 张，反对票数 1 张，弃权票数 2 张。会议通过了《管理学院教师岗位全光谱考核激励办法》。

40. 教代会代表如何产生，工作的程序是怎样的？

根据《学校教职工代表大会规定》第九条第二款规定，教职工代表大会代表占全体教职工的比例，由地方省级教育等部门确定；地方省级教育等部门没有确定的，由学校自主确定。通常来说，教代会代表名额应根据教职工人数按一定比例确定，具体人数可在各学校的教代会实施细则中作出规定。

另根据《学校教职工代表大会规定》第十条第一款规定，教职工代表大会代表以学院、系（所、年级）、室（组）等为单位，由教职工直接选举产生。教代会代表的选举工作，由学校工会负责组织，各选举单位的分工会主持本单位的选举。选举教代会代表工作的程序是：

（1）由学校工会制定选举方案，报同级党组织审定后，以书面形式下达到各选举单位。选举方案内容包括代表人数、组成比例、代表条件、选区划分、代表名额分配、选举办法、注意事项，以及列席代表、特邀代表名额的分配、产生办法等。

（2）各选举单位根据选举方案所分配的名额和代表条件，酝酿提出代表候选人名单。学校党政工主要负责人应作为代表候选人，可推荐到有关选举单位参加选举，不占选举单位的名额。代表候选人可由职工群众直接提名，经民主推荐，充分协商后确定。

（3）各选区召开会议，采取无记名投票方式选举产生教代会代表。选举时需有本选举单位三分之二以上教职工参加方为有效，候选人获得本选举单位全体教职工半数以上赞成票，方可当选为代表。

（4）各选区将选举结果，写成书面报告报送学校工会。报告除写明当选代表姓名及其简历外，还要将选举情况（其中包括实有教职工人数、出席选举会议人数、代表得票情况）如实写明。

教代会实行代表常任制，任期与教代会届（次）相同，通常是三年或五年，由各学校视情况而定，可以连选连任。教代会代表实行常任制意味着代表一经选举产生，在规定的时间内任职，无论教代会是开会还是闭会期间，代表始终享有其权利，履行其义务。代表实行常任制，有利于教代会工作制度化和经常化。

此外，教代会代表资格的调整、撤换与增补主要有以下几种情形：

（1）教代会代表在任期内退休、调离学校或解聘合同的，其代表资格自行终止；

（2）教代会代表被开除公职的，其代表资格自开除之日起即行停止；

（3）教代会代表请辞代表职务或未能履行职责失去群众信任的，由原选举单位向学校工会提出终止其代表资格的书面申请，经批准后，按规定程序撤免其代表资格；

（4）因工作需要或教代会代表出现缺额，须增补或更换教代会代表的，其条件和程序与选举代表相同；

（5）教代会代表资格调整、撤换与增补结果应向下一次教代会报告。

《学校教职工代表大会规定》第十九条规定，教职工代表大会根据需要可以邀请离退休教职工等非教职工代表大会代表，作为特邀或列席代表参加会议。通常情况下，学校根据需要，教职工代表大会可邀请有关领导、专家、学者、学生、劳模和民主党派、离退休教职工及其他人员作为特邀或列席代表参加会议。特邀或列席代表在教职工代表大会上可以充分发表意见和建议，但不具有选举权、被选举权和表决权。

工作范例

××学校第×届教代会代表选举办法（草案）

一、根据《学校教职工代表大会规定》《××学校教代会实施办法》及有关规定制定本选举办法。

二、××学校第×届教代会代表由各选区分工会按照分配的名额组织教职工民主选举产生。

三、代表选举采用无记名投票方式，可以差额选举。代表候选人可以由选区教职工推荐，也可以由选区分工会提名并听取教职工意见后确定。代表候选人的推荐应符合本选区代表名额分配中明确的代表结构比例。

四、参加选举的教职工必须超过选区教职工的三分之二，方可进行选举。因故缺席的教职工不参加投票，也不能委托他人投票。选举时，收回的选票等于或少于发出的选票，选举有效；多于发出的选票，选举无效，应重新选举。每张选票上所选人数等于或少于应选人数的为有效票，超过应选人数的为无效票。

五、选区选举代表时应设工作人员×名，一般设总监票人1名，监票人2名，计票人2名，由本选区分工会在非代表候选人中提名，并公示通过。工作人员对选区选举工作的全过程进行监督。

六、代表候选人得到的赞成票数超过选区全体教职工半数以上的，方可当选。如获得过半数赞成票候选人不足应选人数的，不再另行补选。

七、代表选举结果应当场公布，并在选区内公示。

八、本选举办法经××学校工会委员会审议通过后生效。

41. 怎样对教代会代表资格进行审查？

教代会代表选出之后，要进行代表资格审查工作。这项工作由代表资格审查小组（委员会）或学校工会负责进行。代表资格审查小组（委员会）成员一般由工会、组织人事部门等相关部门人员组成。

审查的内容主要包括：一看选出的代表是否符合规定的条件。如是否为本校在编教职工、是否享有政治权利等。二看选出的代表是否符合规定的民主程序。如选举时是否有三分之二的教职工出席、得票数是否超过应到教职工的半数等。三看选出的代表数是否符合所分配的名额和要求的代表结构。四看在选举过程中有没有不正当的行为。

经审查上述各项都没有问题的，应认定其代表资格；上述四项中有一项不符合要求的，其代表资格就不能认定。代表资格审查结果要形成书面报告，由代表资格审查小组（委员会）或学校工会，在换届后第一次代表大会预备会议上向代表报告。书面报告的内容应包括本届代表产生的过程、代表的构成情况（各类人员的代表数、占的百分比、年龄、性别、职务、职称等）、认定资格结论等方面的内容。书面报告连同代表名册要立卷归档。

××学校第×届教代会代表登记表

单位：　　　　　　　　　　　　　　　　　　　　　年　　月　　日

姓名		性别		出生年月		民族	
职务		职称		政治面貌		文化程度	
主要简历							
受过何种奖励							
主要表现							
代表资格审查意见	（工会代章） 年　月　日						
备注							

42. 如何确定教代会的议题和议程?

教代会议题是列入会议议程，提交大会讨论审议的题目。教代会议题的确定，应当围绕学校的教育、教学、科研等中心工作以及教育改革、思想政治工作和教职工普遍关心的其他重要问题。每次大会确定的议题不宜过多，可以突出一两个中心议题。教代会议题的产生程序通常包括：

(1) 大会召开前一个月左右，由学校工会提出大会议题的建议。议题的建议根据学校行政提出需要大会审议的事项，以及在听取职工群众的意见，审阅教代会代表的提案后形成。

(2) 议题初步形成之后，工会要通过各种形式充分听取广大教职工以及学校党政领导的意见，并及时与有关部门沟通情况。

(3) 经工会委员会或者教代会代表团（组）长联席会议讨论通过，报同级党组织同意后，提交大会主席团审议，最后在大会预备会议上表决通过。

教代会议程是大会讨论审议各项议案的程序和日程。教代会议程包括：

(1) 听取校长工作报告和工会有关民主管理工作报告以及教代会各专门委员会（工作小组）工作报告；

(2) 讨论审议或者审议通过大会各项议案，并作出相应决议；

(3) 民主评议、民主推举学校行政领导；

(4) 有关选举事项。

有关教代会议程的建议，由学校工会提出，报同级党组织同意，提交大会主席团审议后，在大会预备会议上表决通过。

43. 如何向大会作教代会工作报告?

每次教代会应当有关于教代会工作的报告。如遇教代会换届，应有上届教代会工作总结报告。

教代会工作报告，是指对一定时期（如一年或一届）学校民主管理工作进行的总结，并列入教代会议程，向与会代表汇报。

教代会工作报告内容包括：上次大会以来决议贯彻执行情况、提案落实情况、工作机构和专门委员会（工作小组）工作情况以及闭会期间组织代表活动情况等。总结报告还应包括上届教代会各项职权落实情况。

教代会工作报告应形成书面材料，并由学校工会在正式大会上报告，经代表审议后，可通过相应决议。

44. 如何提高教代会审议的质量?

审议是教代会代表行使职权参与学校民主管理和民主监督的基本手段，教代会很多议案需经过代表讨论审议后，才付诸表决或通过相应的决议。认真组织教代会代表讨论审议教代会议案，是开好教代会的重要保证之一。教代会应该在以下几个方面积极创造条件，提高其审议质量：

（1）会前通过各种途径和手段，及时充分地宣传教代会的议题，使教代会代表对本次教代会的内容有一定的了解；

（2）准备提交教代会审议的议案书面材料，至少在会前一个星期发到代表手中，使代表有较充裕的时间阅读有关材料，思考有关问题，并且征求其他教职工的意见；

（3）根据教代会的内容需要，可以在会前组织部分教代会代表与有关领导就互相关心的问题进行座谈，沟通思想，增进了解；

（4）教代会开会期间，议案报告人要认真做好大会发言，重点突出，思路清晰；

（5）各代表团（组）要认真组织好代表进行集体讨论。召集人要围绕大会议题，启发和引导好代表进行讨论审议，并做好讨论发言记录；

（6）大会主席团及时听取各代表团（组）的汇报，并将有关情况分析整理后，及时向学校有关领导反馈；

（7）工会协助大会主席团，在各方面充分酝酿的基础上，起草有关决定或决议草案，提交主席团和大会审议通过。

此外，有条件的学校也可以在教代会会议期间，由大会秘书组出一些会议简报，及时反映各代表团（组）讨论审议的情况，起到相互交流和促进的作用。

45. 教代会的选举和表决采用何种方式?

教代会大会表决事项，一般是指大会的决议、决定等。在教代会大会上的选举一般采用举手表决的方式。既可对机构的成员逐个举手表决，也可对一个机构的全部成员一次举手表决。表决时，应给出代表同意、反对、弃权三项选择。对教代会讨论通过和表决涉及教职工切身利益的重要事项，应采用无记名投票的方式。

无论举手表决还是无记名投票表决都须符合法定要求。即出席大会的教代会代表应超过全体代表的三分之二；选举、表决均须获得全体代表半数以上同意才有效。

工作范例

【范例1】××学校×届×次教职工代表大会表决办法（草案）

一、根据《学校教职工代表大会规定》《××学校教职工代表大会实施办法》及有关规定制定本表决办法。

二、教代会正式代表有表决权。

三、大会表决分为举手和无记名投票两种方式。对涉及教职工切身利益、需教代会审议通过的议案，采取无记名投票方式进行表决；对教代会主席团建议名单、教职工代表大会决议等文件审议时采取举手方式进行表决。

四、大会表决前，教代会代表可以对所需表决的议案发表意见，要求发言的代表应在原座位举手示意，征得大会执行主席同意后方能发言。

五、大会表决时，每项议案需分开表决。无记名投票的表决票上应盖有××学校工会委员会的印章方为有效。教代会代表在每一项议案的表决中对“赞成”“反对”“弃权”的三项表决意见，只能行使一次权利。

六、大会无记名投票表决设监票人（一般同大会选举监票人），对发票、投票、点票、计票工作全过程进行监督。

七、大会每次表决，由大会工作人员按“赞成”“反对”“弃权”三类分别统计，并当场宣布结果。

八、参加大会表决的教代会代表必须超过全体代表的三分之二，表决方为有效。大会表决以获得全体代表过半数以上“赞成”方为通过。

九、本表决办法经××学校×届×次教职工代表大会预备会表决通过后实施。

××学校×届×次教职工代表大会筹备组

××××年××月××日

【范例2】无记名投票表决（选举）流程图

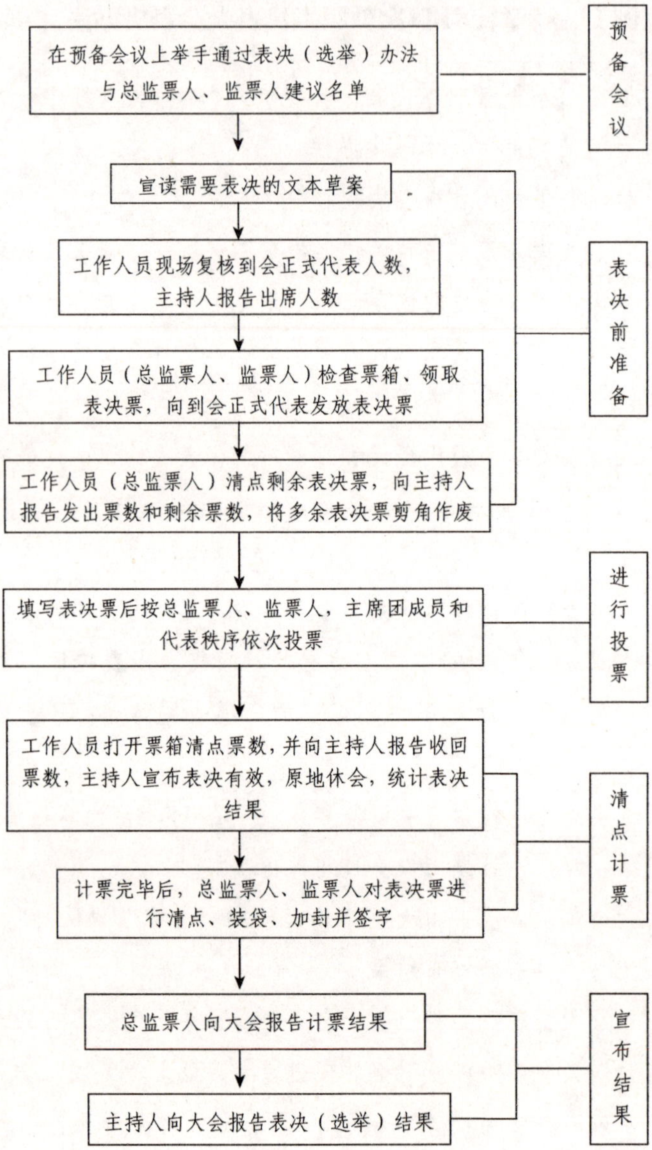

46. 教代会怎样形成决议?

教代会决议是以书面形式记载，经教代会审议表决形成的大会最终结果。教代会决议具有权威性和约束性，一经大会通过即产生效力。学校应当根据代表团（组）讨论和会议情况，形成大会决议草案，提交教代会审议表决，其方式一般采取举手表决，表决须获得应到教代会代表过半数赞成，决议方为通过。

提交教代会审议的事项，一般都是学校比较重大的问题。如学校的长远规划、年度计划、重大改革措施、重要规章制度等。学校把这些重要议题郑重地提交教代会审议，是希望集中吸纳群众的意见和建议，进一步完善方案。同时，通过审议能达到全校上下统一思想，取得共识，使方案顺利实施的目的。教代会审议学校提交的议案，是按规定行使民主管理的职权。这是一件很严肃的事情，教代会代表一定要以认真负责的态度对待，不能随随便便，态度不明。因此，教代会对审议的议案，应当以决议的形式，明确表达教代会代表的意见和态度。

教代会大会决议，要以书面形式表现。决议要中心突出，简明扼要，切实可行，便于检查。决议的内容一般包括：决议的时间、决议的事项、大会对决议的意见和表决结果等。

决议一般有两种类型：单项性决议和综合性决议。单项性决议是就大会讨论审议的某一个议题作出的决议。这种决议内容单一明了，便于代表通过。综合性决议是对本次大会审议的许多议题综合形成一个决议。这种决议条理清楚，比较全面，一次表决完成。两种类型的决议有各自的适用性，究竟选用哪种，各学校可根据学校实际情况及各次大会的具体情况而定。

教代会形成大会决议的基本程序是：

（1）由工会或者大会秘书机构协助起草决议（草案）；

（2）将决议（草案）交各代表团讨论，征求意见；

（3）大会主席团集中讨论意见，对决议进行修改；

（4）召开大会对各项决议分别进行表决；

（5）宣布各项决议的表决结果。

47. 公布教代会决议的过程中需要注意什么？

教代会决议的公布是便于职工群众了解和掌握教代会精神，更好地落实和执行教代会决议的基本途径，它是一项必经的程序。学校在执行过程中应当注意把握以下几点：一是教代会决议应当及时向全体教职工公布；二是学校一般可通过内部网站、公开栏、内部报刊等形式予以公布，并确保公布的信息完整和真实，以保障教职工的知情权，确保教代会决议落到实处。

48. 怎样贯彻落实教代会决议？

教代会的决议具有严肃性和权威性，一经大会通过即产生效力。教代会作出的决议，学校各方面应认真贯彻执行。贯彻落实教代会决议，主要通过以下途径实现：

（1）教代会大会闭会后，学校工会可以通过各部门工会、工作小组的活动，也可以利用宣传媒介，向职工群众宣传大会精神，解释教代会决议内容。

（2）学校各有关部门要认真执行和落实教代会通过的各项决议。

（3）学校工会和教代会专门委员会（工作小组）是决议执行情况的检查督促者。检查可采取定期检查、专题检查、临时抽查等形式进行。每次检查后，应对决议落实过程中存在的问题等，向相关领导和职能部门做专门汇报并提出整改意见和建议。

（4）教代会决议的贯彻落实情况，应在下次教代会上进行报告。

49. 学校工会作为教代会工作机构的职责有哪些?

学校工会是教代会的工作机构，负责教代会的日常工作，应当履行好组织选举、征集提案、筹备会议、拟议名单、报告工作、监督检查、受理投诉、宣传培训、档案管理等职责。具体来说，学校工会主要应做好以下几个方面的工作：

(1) 教代会各项筹备工作。包括提出大会中心议题、程序方案的建议，组织教代会代表选举工作，征集和整理大会提案，提出大会主席团人选建议名单。其中，开会方案和主席团人选建议名单，应报同级党组织同意。

(2) 教代会有关会务工作。包括会议的文秘工作、联络工作以及其他需要协助大会主席团做好的工作。

(3) 教代会有关宣传工作。大会召开前，运用各种形式宣传教代会基本知识及本次大会中心议题；大会结束后，组织教代会代表传达大会有关精神。

(4) 大会各项检查督促工作。闭会期间，组织有关代表检查督促大会决议的贯彻落实情况以及代表提案的处理落实情况等。

(5) 教代会有关活动。闭会期间，组织各代表团和各专门委员会（工作小组）活动，主持代表团（组）长联席会议，召集临时代表会议，组织教代会代表讨论有关问题和参加有关活动。

(6) 教代会代表日常培训工作。

(7) 教代会有关资料的立卷归档工作。

(8) 接受代表申诉，负责调查核实工作。

50. 学校怎样制定教代会实施细则（办法）?

各学校可以根据《学校教职工代表大会规定》和所在省市的有关

规定，结合本校实际情况，制定教代会实施细则（办法）。这是因为上级制定的文件和法规是对所有学校的原则规定，由于每个学校都有各自的特点，情况也千差万别，为使上级制定的文件和法规能得到全面贯彻，需要制定本校的教代会实施细则（办法），使其具体化。

各学校制定的教代会实施细则（办法），应是各自学校实行教代会制度的规范。它既不是对上级颁布的文件和法规的修改，也不是照搬别的学校的相关细则，而是结合本校的实际情况，对有关要求加以细化。一般来说，各学校的教代会实施细则（办法）应从以下几个方面作出具体规定：

（1）关于教代会职权。应明确各项职权的具体内容和落实办法，如学校哪些事项应由教代会听取建议，哪些事项须经教代会讨论通过，对学校领导干部如何进行评议、监督和参与推荐等。

（2）关于教代会代表。要依据上级文件和法规要求，明确教代会代表的具体条件、代表的人数、比例与构成、代表产生办法等。

（3）关于教代会组织制度。要明确规定大会主席团、代表团（组）、各专门委员会（工作小组）人数、人员构成、产生办法和职责范围等。

（4）关于教代会组织体系。要对院（系）等二级单位的民主管理的组织机构、职权、活动方式等作出明确规定。

（5）关于教代会会议制度。要明文规定教代会的届期、换届大致时间、每学年召开大会时间和次数以及对大会议题的原则要求。

（6）其他方面。如对教代会的主要工作制度和活动程序作出具体规定。

制定教代会实施细则（办法）的主要程序为：在学校党组织的领导和有关党政职能部门的配合下，学校工会具体承担实施细则（办法）的制定工作，在广泛征求各方面意见后形成草案，提交教代会审议通过后生效。

工作范例

××大学教职工代表大会实施办法

第一章　总　　则

第一条　为了保障教职工的民主权利，发挥教职工在学校事业发展中的作用，根据《中华人民共和国高等教育法》《中华人民共和国工会法》《学校教职工代表大会规定》和《××大学章程》的规定，结合我校实际，制定本实施办法。

第二条　教职工代表大会（以下简称教代会）是学校管理体制的重要组成部分，是教职工行使民主权利、参与学校民主管理和民主监督的基本制度和基本形式。

第三条　教代会应贯彻落实党的基本路线和教育方针，遵守国家法律法规，遵守学校规章制度，正确处理国家、集体和个人的利益关系。

第四条　教代会在学校党委领导下开展工作，实行任期制，每届任期五年。教代会的组织原则是民主集中制。

第二章　职　　权

第五条　教代会依法行使审议建议、审议通过、审查监督、民主选举、民主评议等职权。

第六条　下列事项应当向教代会报告，接受教代会审议，听取教代会代表的意见和建议：

（一）有关学校发展、教职工队伍建设以及其他重大问题的规划、方案；

（二）学校行政工作报告、学校财务工作报告以及其他专项工作报告；

（三）法律法规规定和学校与工会协商确定的其他事项。

第七条　下列事项应当向教代会报告，并由教代会审议通过：

（一）学校提出的与教职工利益相关的校内工资、福利分配方案；

（二）学校制定的与教职工切身利益相关的规章制度；

（三）法律、法规规定和学校与工会协商确定的其他事项。

第八条 下列事项应当向教代会报告，接受审查监督：

（一）教代会提案办理情况；

（二）教代会通过的重要事项落实情况；

（三）法律、法规规定和学校与工会协商确定的其他事项。

第九条 下列人员应当由教代会民主选举产生：

（一）教代会主席团成员和教代会执行委员会成员；

（二）教代会各专门小组成员；

（三）法律、法规规定和学校与工会协商确定的其他人员。

第十条 民主评议和推荐学校领导干部：

（一）按照有关工作规定和安排评议学校领导干部；

（二）参与民主推荐学校有关领导干部的人选；

（三）法律、法规规定和学校与工会协商确定的其他人员。

第三章 教代会代表

第十一条 学校在编在岗教职工可以当选为教代会代表。

第十二条 教代会代表由教职工直接选举产生，实行任期制，可以连选连任，任期与教代会届期相同。

第十三条 教代会代表以各院（系）、部门为单位选举产生。各院（系）、部门应制定选举方案，酝酿、确定候选人。选举应当有各院（系）、部门全体教职工三分之二以上参加，并以无记名投票方式进行。候选人获得各院（系）、部门教职工半数以上赞成票方可当选。选举结果应予公布。

第十四条 各院（系）、部门应严格按照选举教代会代表的程序和要求，认真选举教代会代表。教代会代表的素质与能力要求如下：

（一）具有一定的政治觉悟和政策水平，有大局观念；

（二）具有一定的参政议政能力，密切联系群众，办事公道，了解校情民意；

（三）具有良好的社会公德和职业道德，遵纪守法，关心集体，爱岗敬业，在本岗位发挥骨干和表率作用，在教职工中具有一定威信。

第十五条 教代会代表构成应具有广泛性和代表性，并应当以直接从事教学、科研工作人员为主体。教师代表（含双肩挑人员）应占代表总数的60%以上；具有高级专业技术职务的代表应占代表总数的50%以上。校级领导、职能部门正副职等中层以上干部不超过代表总数的20%。女性代表比例一般与本院（系）、部门女教职工人数所占比例相适应。

第十六条 教代会代表接受本院（系）、部门教职工的监督，必要时原选举单位可以依照民主程序，撤免本单位的代表。教代会代表在任期内出现下列情况的可以按程序撤免：

（一）违法犯罪，受到刑事处罚的（当然撤免）；

（二）严重违反校纪校规，受到处分或处理的（当然撤免）；

（三）本人提出辞去教代会代表职务，并经原选举单位半数以上教职工同意的；

（四）因长期出国、外借、病假、事假等原因或因严重失职失去原选举单位教职工信任，不能正常履行代表职责，并经原选举单位全体教职工半数以上同意的。

第十七条 撤免教代会代表资格，原选举单位应当事先报校工会审核、备案，经同意后依照规定的民主程序进行补选并公布。

第十八条 教代会代表离职、离退休，或因工作需要调离学校的，即自行终止代表资格，由原选举单位依照规定的民主程序进行补选并公布。

第十九条 教代会代表享有以下权利：

（一）在教代会上享有选举权、被选举权、审议权和表决权；

（二）对学校改革、发展和教职工权益的重要事项有知情权、建议权、参与权和监督权；

（三）提出提案并对提案办理情况进行询问和监督；

（四）对学校工作向学校领导和学校职能部门反映教职工的意见和要求；

（五）参加与教代会代表履职相关的培训等活动。因履职活动而占用工作时间，按照正常出勤享受应有待遇。

第二十条 教代会代表应当履行以下义务：

（一）学习、宣传法律、法规、政策，提高思想政治素质和参与民主管理的能力；

（二）积极参加教代会的活动，执行教代会决议，完成教代会交办的工作任务；

（三）办事公道，密切联系教职工，认真听取教职工的意见和建议，如实反映教职工的意见和要求，写好提案；

（四）及时向本院（系）、部门教职工通报参加教代会活动和履行职责的情况，接受评议监督；

（五）自觉遵守学校规章制度和职业道德，提高业务水平，做好本职工作。

第二十一条 教代会代表依法行使权利，任何组织和个人不得压制、阻挠和打击报复。

第四章 组织制度

第二十二条 学校教代会代表名额约占学校教职工人数的7%。

教代会可根据需要设置特邀代表和列席代表，特邀代表和列席代表无选举权和表决权。

第二十三条 教代会一般以院（系）、部门为单位组建代表团，规模较小的院（系）、部门也可按照相关学科、工作职能等情况组建联合代表团，由教代会代表选举正、副团长。代表团团长的职责是：

（一）会议期间组织所在代表团讨论，督促和组织代表撰写提案，审核代表名单以及其他相关工作；

（二）闭会期间，主动联系教代会代表和广大教职工，及时反映教职工的意见和建议；

（三）参与学校和本院（系）、部门的民主管理与监督。

第二十四条 教代会一般每年召开一次全体会议。经学校、校工会或三分之一以上教代会代表提议，可以临时召开教代会全体会议。

第二十五条 教代会在教职工代表中推选人员，组成主席团主持会议，处理大会期间有关重大问题。

主席团应当由学校各方面人员组成，其中包括学校领导、校工会负责人，教师代表应占多数。

第二十六条 教代会设立若干专门小组，完成教代会交办的任务。专门小组由教代会代表组成，对教代会负责。

第二十七条 教代会设立执行委员会，在教代会闭会期间行使职权。执行委员会成员在主席团成员、教代会代表团团长、专门小组负责人、校工会委员等代表中选举产生。教代会闭会期间，执行委员会会议由校工会负责召集。

第五章 议事规则

第二十八条 教代会须有全体教代会代表三分之二以上出席，方可召开。

第二十九条 教代会议题和议程，由学校党委、行政与校工会协商确定，经大会主席团审议通过。

第三十条 提交教代会审议和审议通过的书面材料，应当在教代会召开七日前送交教代会代表。各代表团应当组织教代会代表讨论，由校工会及时汇总整理各代表团的意见和建议，报学校相关部门。

教代会代表对涉及教职工切身利益的重要事项意见分歧较大的，由学校相关职能部门和校工会根据教代会代表的意见进行协商修改后，提交教代会再次审议。

第三十一条 教代会审议表决重要事项和决议，应采取无记名投票方式，得赞成票数超过应到会全体教代会代表半数以上方为通过。

第三十二条 教代会审议通过的重要事项和决议应当在教代会闭会后向全体教职工公布。

第三十三条 法律、法规规定应当提交教代会审议通过的事项，未按照法定程序提交审议通过的，学校就该事项作出的决定对教职工不具有约束力。

第三十四条 教代会在其职权范围内审议通过的事项对全体教职工具有约束力，未经教代会重新审议通过不得变更。

第六章 工作机构

第三十五条 学校工会为教代会的工作机构。

第三十六条 校工会在教代会筹备和召开期间，应当履行下列职责：

（一）组织开展教代会代表的选举、撤免、培训等工作；

（二）做好教代会的筹备、会务工作，协商拟定大会议题、日程安排等；

（三）做好教代会文件的准备工作；

（四）提出教代会主席团成员、各专门小组成员等候选人建议名单，提出特邀代表、列席代表建议名单；

（五）组织教代会代表团对教代会审议和审议通过的事项进行讨论，汇总整理意见，并与学校相关职能部门协商修改；

（六）负责教代会其他组织工作。

第三十七条 校工会在教代会闭会期间，应当履行下列职责：

（一）组织传达贯彻教代会决议，督促检查教代会决议的落实情况；

（二）组织各代表团及专门小组的活动，主持召开代表团团长会议，召集执行委员会、专门小组会议；

（三）建立与教代会代表的联系制度，受理教代会代表的申诉和提案，维护教职工的合法权益；

（四）指导二级教代会的工作；

（五）完成教代会委托的其他工作。

第三十八条 校工会应当在教代会闭会之日起七个工作日内，将会议有关情况报告上一级工会。

第三十九条 学校应当为校工会承担教代会工作机构的职责提供必要的工作条件和经费保障。

第七章 二级教代会

第四十条 各院（系）、部门应当建立教代会制度，在同级党组织领导下，行使与其管理权限相对应的教职工的民主管理和监督权利。

第四十一条 二级教代会按照本实施办法组织实施：

（一）教职工人数在80人以上的院（系）、部门应实行教代会制度或全体教职工大会制度。实行教代会制度的，代表名额以30名为基数，教职工人数每增加10人，代表名额增加不得少于1名。

（二）教职工人数不足80人的院（系）、部门应实行全体教职工大会制度。采取召开全体教职工大会制度的部门工会，无须进行代表选举，全体教职工均具有代表身份、行使代表权利、履行代表职责。

（三）学校教代会代表一般应为二级教代会代表，但须通过民主程序选举产生。

（四）二级教代会代表任期为三年。

第四十二条 二级教代会教师代表应占代表总数的70%以上。

第四十三条 二级教代会选举产生主席团，并由主席团主持会议，主席团成员不得少于7人。不设置主席团的，则由所在院（系）、部门工会主席或副主席主持会议。

第四十四条 二级教代会应接受校教代会的指导。各部门工会应在二级教代会召开之前两周向校工会提交书面报告，并在二级教代会闭会之日起七个工作日内，将有关会议材料送达校工会备案。

第八章 附　　则

第四十五条 本实施办法适用于学校、各院（系）、部门。

第四十六条 本实施办法由教代会审议通过，学校颁布实施，校工会负责解释。

51. 教代会可建立哪些工作制度?

建立教代会工作制度，有利于教代会工作的规范化，把教代会的各项工作落到实处。根据许多学校的实践经验，学校教代会可建立以下工作制度：

(1) 教代会报告制度。在召开教代会之前和会后，分别向上一级工会填报召开教代会预报表和开会情况报告表。建立报告制度是为了沟通上下联系，使上级工会预先了解学校召开教代会的安排，及时给予指导，使会议开得圆满成功。

(2) 教代会的会议制度。如代表选举制度、教代会预备会议制度、代表团（组）长会议制度、主席团会议制度、教代会全体会议制度、代表团（组）长和专门委员会（工作小组）联席会议制度、专门委员会（工作小组）会议制度等。

(3) 教代会选举表决制度。如代表的选举规则，程序事项的表决规则，重大事项的表决规则，代表的辞职、罢免规则等。

(4) 调查研究制度。学校工会和教代会专门委员会（工作小组），对教代会涉及的有关问题，按各自的职责进行专题调查与研究。

(5) 咨询和沟通制度。定期或不定期采用座谈会、恳谈会、咨询会等形式，组织教代会代表或代表团（组）长与学校领导，就教职工和学校普遍关心的问题，直接进行沟通。

(6) 代表巡视和视察制度。组织代表或专门委员会（工作小组）成员，定期或不定期对教代会决议的贯彻及提案的落实等情况进行检查、视察。

(7) 民主管理接待日制度。规定每月的哪一天或哪几天为民主管理接待日，由学校工会或教代会专门委员会（工作小组）负责人，接待教代会代表和教职工来访。

(8) 教代会提案制度。如提案征集制度、提案审查制度、提案反馈制度、提案评选制度等。学校工会或教代会提案委员会（工作小组）对每届或每次教代会的提案进行评选，并对评选出的优秀提案给予奖励。

(9) 代表培训制度。对换届新选出的教代会代表，进行教代会及民主管理基本知识培训；每次教代会开会前，结合主要议题举行专题培训。其目的是提升代表的素质和参与能力，以提高教代会的功效。

(10) 教代会评估制度。其目的是通过评估，以便及时发现问题，找出差距，帮助整改，提高教代会运行质量。

(11) 立卷归档制度。教代会的文件、会议资料等，按照文书档案管理规范立卷归档，由学校档案管理部门统一管理。

52. 如何实施教代会报告制度？

教代会报告制度，是指学校召开教代会时，预先和会后以书面形式向上一级工会报告的一项制度。上一级工会对所属学校教代会民主管理工作有指导责任。建立教代会报告制度，是为了使上一级工会能预先了解学校召开教代会的设想和具体安排，如果发现问题或不足，可以及时提出改进的建议，使教代会工作更加完善，会议更加成功。此外，上一级工会还可以通过教代会报告制度这一形式，为各校建立教代会档案，积累各校召开教代会的有关资料，进一步了解各校的成果、经验等，以便总结、交流和推广。各校上报的资料由上一级工会立卷保存，可作为教代会工作评估、评优的依据。

学校工会在召开教代会前后，分别填报两张表。第一张表是预审报告表，学校在召开教代会预备会议的前两周填报上一级工会；第二张表是开会情况报告表，在教代会结束后填写，于大会闭会后两周内，连同大会的主要文件送交上一级工会。两张表均由学校工会负责填写并递送。预审报告表一式两份，上级工会收到后，经审阅，在表的反馈栏内，注明意见和建议，及时返还一份给学校工会。

【范例1】学校召开教代会预审报告表

单位：　　　　　　　　　　　　　　　　　　　　　　　　年　　月　　日

<table>
<tr><td colspan="2">届次</td><td></td><td colspan="2">开会时间</td><td></td><td colspan="2">会期</td><td></td></tr>
<tr><td colspan="2">主席团
常设否</td><td></td><td colspan="2">征　集
提案否</td><td></td><td colspan="2">与工代会
结合开否</td><td></td></tr>
<tr><td rowspan="2">正式
代表</td><td>人数</td><td></td><td rowspan="2">培训
代表</td><td>人数</td><td></td><td rowspan="2">列席
代表</td><td>人数</td><td></td></tr>
<tr><td>其中
教师</td><td></td><td>次数</td><td></td><td>其中
特邀</td><td></td></tr>
<tr><td colspan="5">会议议题</td><td colspan="4">议程安排</td></tr>
<tr><td colspan="5"></td><td colspan="4"></td></tr>
<tr><td colspan="5">提交大会审议的文件及表决方式</td><td colspan="4">教代会选举事项及选举方式</td></tr>
<tr><td colspan="5"></td><td colspan="4"></td></tr>
<tr><td colspan="5">校工会送审意见</td><td colspan="4">上级工会审核意见</td></tr>
<tr><td colspan="5">（签章）
年　　月　　日</td><td colspan="4">（签章）
年　　月　　日</td></tr>
</table>

【范例2】学校召开教代会情况报告表

单位： 　　　　　　　　　　　　　　　　　年　　月　　日

届次			会期	月　　日— 月　　日，共　　单元				
应到正式代表		实到正式代表	开幕		列席代表		特邀代表	
			闭幕					
提案情况	征集数		立案数		上次会议提案落实		件，占　%	
	立案分类	教学科研			管理制度			
		各项改革			生活福利			
		政治思想			其他			
大会审议、通过、决定的文件及结果				大会选举事项及结果				
申报单位意见	校工会意见：		校长意见：		党组织意见：			
上级工会验收意见								

53. 如何开展教代会巡视工作?

教代会巡视制度，是指教代会闭会期间，在学校党组织的领导下，由工会牵头，并由学校教代会民主选举产生的常设机构教代会执委会或民主管理专门委员会（工作小组），定期或不定期地组织教代会代表对学校职能部门工作进行实地调研、咨询和检查的制度。

建立并实行教代会巡视制度是学校贯彻落实党的全心全意依靠教职工办学方针、加强学校民主建设的重要途径，是更好地落实教代会职权，深化创新教代会民主管理、民主监督作用的重要举措，是教代会代表在闭会期间参政议政、行使民主权利、发挥作用的重要形式，是维护教职工合法权益、充分发挥教职工主人翁作用的需要，也是建设现代学校制度的需要。

（1）巡视工作的范围及内容：国家法律法规、相关政策和学校规章制度的执行情况；教代会决议、提案落实情况；学校中心工作的落实情况；学校重大项目建设和重点工作的进展情况；维护教职工的合法权益情况；教职工普遍关注的重点、热点、难点问题解决情况；校务公开落实情况，学校党组织委托或指定的项目落实情况等。

（2）巡视工作的主要方式：听取有关部门的工作汇报或情况介绍；进行现场视察；查看实物、报表、相关基础档案资料；对巡视中发现的问题，当场向有关人员进行询问或提出质疑；发放调查问卷等了解教职工对某项工作的满意度；召开教职工座谈会了解职工群众的意见、反映和评价；就巡视中发现的问题提出整改意见和建议。

巡视结束后巡视情况要形成纪要或巡视报告，向分管领导或学校党组织汇报，并及时反馈给被巡视的单位或部门，需要向群众说明、解释的问题，要及时向群众反馈。被巡视的单位、部门在接到反馈意见后，核实情况，限期制定出整改措施并及时整改。每个年度的巡视结束以后，要结合各个阶段巡视的总体情况，形成巡视工作报告，提请下次教代会审议。

工作范例

【范例1】××大学教职工代表大会代表巡视办法

实行教职工代表大会（以下简称教代会）代表巡视制度，是深化和落实教代会民主管理、民主监督工作的重要举措，是教代会代表在大会闭会期间行使民主权利的重要形式。为促进校务公开，提高工作效能，改善服务质量，进一步落实教育部《学校教职工代表大会规定》和《××大学教职工代表大会实施细则》的要求，特制定本办法。

第一条 巡视工作的指导思想

巡视工作以习近平新时代中国特色社会主义思想为指导，围绕学校中心工作，充分发挥民主管理和民主监督作用，深化学校民主决策，推进学校民主政治建设。

第二条 巡视工作的指导原则

（一）按照党的路线、方针、政策和学校党委的决策、部署，坚持民主管理和科学决策的原则，开展有计划、有组织的巡视活动。

（二）坚持实事求是、喜忧兼报、客观公正的原则开展巡视活动，如实反馈问题和意见。

（三）坚持群众路线，注重信息沟通，做好正面宣传教育工作。

第三条 巡视工作的主要内容

（一）教代会决议、决定的执行和落实情况。

（二）教代会提案、代表意见建议办理情况。

（三）学校阶段性的中心任务或重要工作的进展情况。

（四）教职工普遍关心或反映强烈的问题。

（五）学校党委、行政领导指定或委托的其他事项。

第四条 巡视工作的主要形式

（一）听取部门情况介绍。

（二）代表现场考察。

（三）召开座谈会。

（四）参加有关工作会议。

（五）查阅有关会议记录和材料。

第五条 巡视工作的程序

（一）巡视专题的确定。根据学校工作和教代会工作需要，由校工会汇总各方意见，提出巡视专题，报校党委批复后组织实施。

（二）巡视小组及人员的确定。根据巡视任务的需要，教代会执委会从教代会代表中提名组成巡视小组（一般不超过10人），设组长1人，组长一般由执委会执委担任，根据工作需要可设副组长1人，由组长提名产生，巡视小组成员经执委会会议通过后产生。

（三）巡视成员的学习培训。巡视小组成员须进行学习和培训，明确巡视内容、重点、方法、注意事项等，做到任务明确，思路清晰，方法得当，不断提高巡视代表的整体素质和工作水平，确保巡视的效果和质量。

（四）巡视形式的确定。巡视小组深入相关单位、部门，通过个别谈话、座谈会、询问或查看资料等形式了解情况，进行交流与沟通，对巡视专题进行调查研究，提出意见和建议。

（五）巡视意见的反馈。巡视小组集体汇总情况，进行分析研究，写出巡视纪要或巡视报告。由巡视小组组长向有关部门或学校有关领导汇报、反馈巡视情况并提出意见、建议。

第六条 巡视工作要求

（一）代表巡视工作要有组织、有计划地进行，由巡视小组制定巡视方案，精心组织实施。

（二）在巡视过程中，参加巡视的代表要从学校大局和教职工的根本利益着眼，在不干扰学校和部门正常工作的情况下，正确行使民主权利。

（三）巡视小组要以高度负责的态度深入调查研究，广泛听取被巡视单位领导和群众的意见，充分发挥桥梁纽带作用。

（四）被巡视单位要积极支持巡视工作。在接到反馈意见后，制定落实整改措施，做到件件有回复。对暂时无法解决的问题，也要做出具体说明。

第七条 本办法自下发之日起试行。

第八条 本办法由校党政办公室负责组织解释。

【范例2】巡视工作流程图

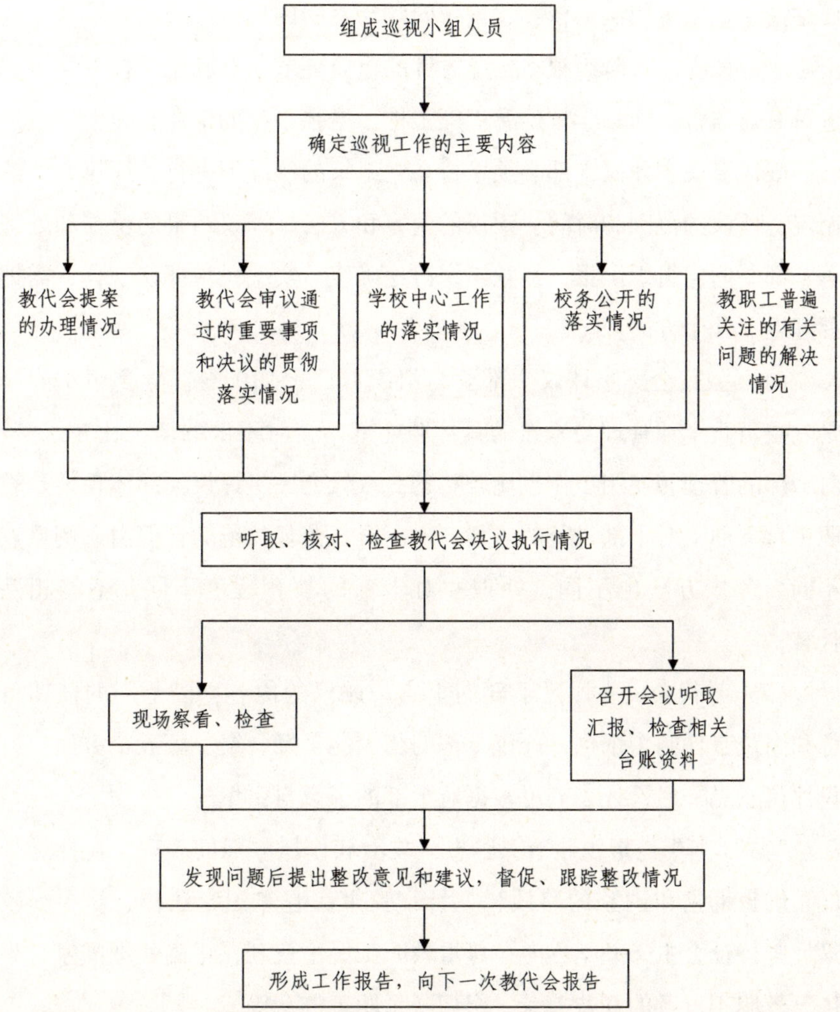

54. 如何组织实施教代会民主评议工作?

根据《学校教职工代表大会规定》第七条第一款第六项规定，教代会有“按照有关工作规定和安排评议学校领导干部”的职权。学校教代会的评议监督权，主要通过对学校领导干部进行民主评议来实现，其目的是对干部进行监督，同时也是对干部的一种激励和促进。

落实教代会民主评议领导干部职权，是深化干部制度改革的一项重要举措，是坚持依法治校、建设校园政治文明的具体体现，是落实党的全心全意依靠工人阶级根本指导方针的重要环节，有利于学校领导干部进行有效监督，加强学校反腐倡廉工作，增强干部的事业心和责任心。

教代会民主评议干部必须坚持在党组织的领导下进行。评议办法的制定、评议的范围和时间、评议的内容和方法、评议结果的反馈和处理等，都要向党组织汇报，经党组织讨论确定。实施民主评议工作，需把握好以下几个方面：

（1）教代会民主评议干部要与组织部门密切配合。党委组织部门是党委负责干部管理与考核的具体职能部门，对干部的情况比较了解，对干部的管理和使用工作也比较熟悉。教代会民主评议干部体现的是教职工自下而上对干部进行的监督，属于群众监督的范畴，但由于侧重点不同，考核方法也不同，处理和对干部的教育程度不同，不能相互代替。

（2）教代会民主评议干部的重点。评议的内容，以干部的任期目标和岗位责任制为依据，评议干部的德、能、勤、绩、廉五个方面。另设评议意见一栏，代表们可根据对干部的了解自由填写。

“德”主要是指领导干部思想、政治和作风方面的表现。包括是否能正确贯彻党和国家的路线、方针、政策，遵守国家法律、法令、政策，坚持社会主义办学方向，尊重教职工民主权利，正确处理国家、集体、教职工三者的利益关系，密切联系职工群众等。

“能”主要是指领导干部的理论政策水平、决策能力、组织指挥能力和学校管理知识水平。

“勤”主要是指领导干部的工作态度、事业心、责任感。

“绩”主要是指领导干部履行岗位职责情况及取得的实际成绩。

“廉”主要是指领导干部廉洁自律、不谋私利、办事公正等情况。

(3) 教代会对学校领导干部评议监督的基本方法和步骤。教代会民主评议学校领导干部，在学校党组织的领导下，由大会主席团组织实施。作为教代会工作机构的学校工会，负责评议工作的具体事宜。评议前，先建立教代会民主评议委员会（工作小组）。民主评议委员会（工作小组）组成人员可由校工会提名，经大会主席团审议后提交大会通过。民主评议委员会（工作小组）成员由教代会代表和学校组织人事部门、纪检监察部门、工会等方面人员组成。民主评议委员会（工作小组）对教代会负责。民主评议委员会（工作小组）的主要职责是：草拟民主评议干部章程和实施方案；整理代表评议意见，统计测评结果；监督检查评议结果的落实情况等。具体而言，民主评议工作的一般程序为：

一是评议对象向教代会作述职报告，并提交报告的书面材料。

二是组织全体代表，采用无记名方式，对评议对象进行书面测评（参加测评的代表要符合出席教代会的法定人数）。

三是整理代表评议意见，统计测评结果，形成书面材料，并根据需要可以提出奖惩建议，提交大会主席团。经大会主席团通过后，报送学校党组织。

四是学校党组织应将教代会民主评议干部作为党建工作、干部工作的重要组成部分；对评议的情况要向干部本人进行反馈，促进干部变压力为动力。

工作范例

民主评议流程图

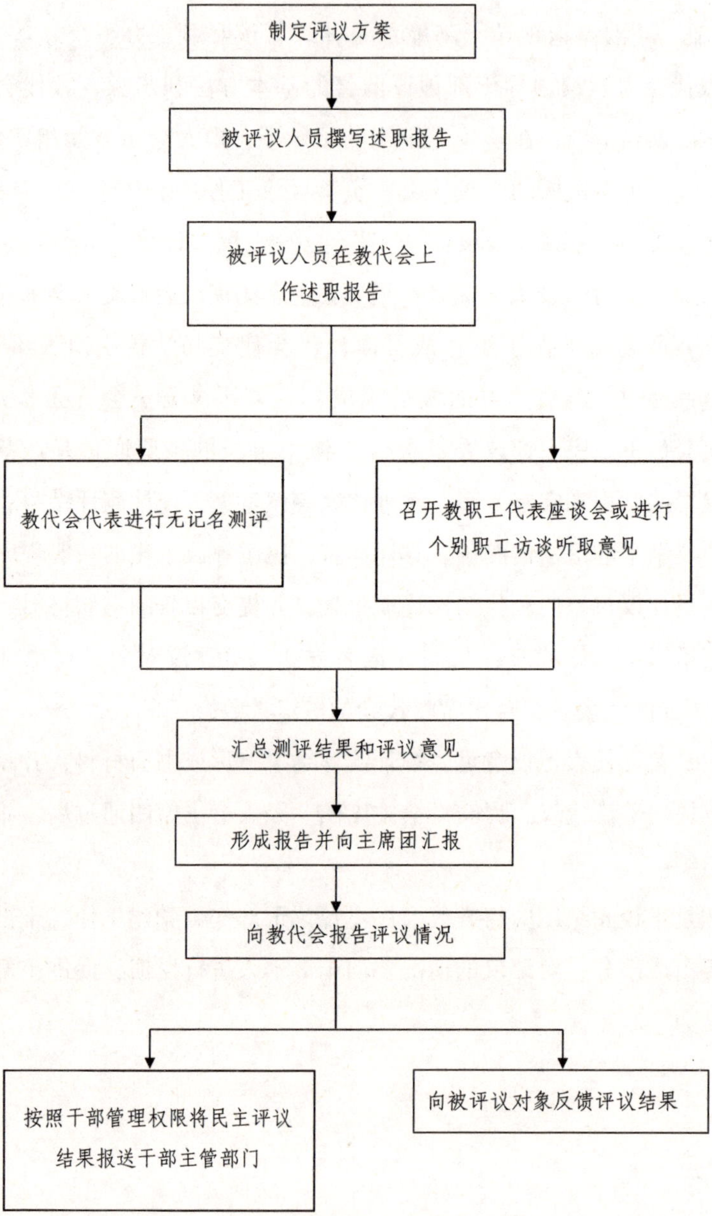

延伸阅读

C 区教育局规范全区中小学教代会民主评议干部工作

C 区教育局采取措施，明确要求，规范全区中小学教代会民主评议校级领导干部的工作。主要做法是：

(1) 成立工作小组。民主评议干部工作在局党工委统一领导下，由局纪委、党委组织科和教育工会共同负责实施。在学校，民主评议工作接受学校党组织的领导，按教代会的有关规程进行。教代会成立学校民主评议工作专门小组作为民主评议干部的实施机构，小组成员由工会提出人选，经学校党组织的意见后递交教代会通过。

(2) 确定评议对象和内容。评议对象为学校的正副校长、党组织的正副书记、工会主席。评议内容包括执行党的方针政策的坚定性、民主意识和民主作风、为教职工办实事、廉洁自律和勤政廉政、业务能力和管理水平、思想政治工作和精神文明建设、工作目标和工作实绩、涉及群众切身利益的事能否公开公正、师资队伍和领导班子建设等。

(3) 采取的评议方法。集中评议、无记名测评、个别访谈相结合。整个过程分六步：一是在全体教职工中进行评议工作动员和对教代会代表的培训；二是召开教代会，被评议干部作述职、述廉报告，教代会代表对被评议干部进行无记名测评和分组评议、个别访谈；三是进行无记名测评；四是向被评议对象反馈评议意见；五是被评议对象召开民主生活会，开展批评和自我批评，提出整改措施；六是校党组织将评议结果以及民主生活会的情况向教代会通报。并且，评议结果作为党工委对干部考核、奖惩、推荐、任免的依据。对在教代会代表无记名测评中，未获得60%以上信任票的干部，由民主评议专门小组提出撤免建议。

通过多年的实践，这项工作取得了很好的实效。一是推进了学校领导班子和干部队伍建设。二是推进了学校的民主政治建设，为校务公开工作的深入、规范开展打下了良好基础。

55. 如何开展教代会评估工作?

教代会评估工作是一项加强教代会制度建设的重要措施，其主要目的在于，通过评估发现问题并及时整改，从而全面提高学校教代会运行质量，促进学校民主管理。开展教代会评估，建立专项制度，有利于进一步规范教代会工作，促进教代会职权全面落实。建立和完善教代会工作评价体系，还有利于提高学校的地位，发挥教代会应有的作用。

从工作实践来看，教代会评估包括两个层面的工作：一是上级教育主管部门或教育工会对基层学校教代会工作所开展的评估；二是对各级学校自身所开展的教代会运行质量评估。学校自身对教代会评估的具体工作由学校工会组织实施，一般每年进行一次，时间通常安排在教代会结束后。每次评估结果，要列入学校民主管理工作档案。

对学校教代会工作进行评估，主要应包括以下几个方面的内容：

（1）学校党组织和行政重视、支持教代会工作的情况。主要评估学校党政在思想认识上、制度建设上以及物质条件上如何重视和支持教代会各项工作。

（2）教代会职权落实的情况。主要评估学校教代会一定时期以来落实各项职权的程度和实际效果。这是教代会工作评估的重点内容。

（3）教代会工作经常化和制度化的情况。主要评估学校教代会在开会和闭会期间发挥了怎样的作用，教代会各项制度建立和运行状况。

（4）教代会组织网络化和工作规范化的情况。主要评估学校教代会组织体系健全程度以及各项工作是否符合上级的工作要求。

（5）教代会工作机构和专门委员会（工作小组）的工作情况。主要评估学校工会承担教代会工作机构各项任务和专门委员会（工作小组）履行职责的完成情况。

56. 如何做好教代会的档案管理工作？

教代会是学校管理体制的重要组成部分，教代会工作也是学校工作的重要内容。教代会作出的决议、决定及其重要活动的记载，都是有保存价值的资料，应当立卷归档，作为工作参考以及编纂史志时调用。学校教代会文书档案应尽可能做到完整和规范。

学校工会应参照学校党政系统文书档案立卷归档的规定和要求，建立和规范教代会的文书档案制度。教代会的文书档案，可纳入学校工会的文书档案系列。教代会档案的分类和归档应以每届次为依据，每次教代会结束后应当及时对本届次教代会相关的材料进行归档保管并装订成册。具体类别可分为教代会代表类、会议资料类、代表提案类等。

（1）教代会代表类：具体包括代表的选举产生办法、代表登记表、代表名册、代表资格审查报告、代表的教育培训及日常管理情况等。

（2）会议资料类：具体包括教代会的会前、会中、会后等各类制度文件、会议材料。如有关教代会召开的文件、批复；大会主席团组成人员名单；专门委员会（工作小组）成员名单；大会议程和日程表；校长工作报告及提交大会审议的主要议案文本；大会的决议、决定等文件及其草案；主席团、各代表团（组）与专门机构会议和活动的记录；属于档案管理范围的其他文件及有关的照片、声像资料等。

（3）代表提案类：具体包括教代会提案的组织管理方面的材料，如征集通知、代表提案、提案处理、检查督促、评估奖励以及提案工作报告等。

档案材料实行分级管理，专人负责。学校教代会档案资料由学校工会负责整理，并及时移交学校档案管理部门保存。多数学校的做法是，档案整理装订一式两份，一份送学校档案管理部门，一份存学校工会。档案资料管理应建立健全接收、查阅、移交等制度。由于档案管理工作要求较高且专业性较强，因此教代会的档案管理工作应由专人负责，同时要加强定期的工作检查，以保证档案内容的连续性、完整性、真实性，从而有效避免弃档、档案管理混乱、有档无内容等现象的发生。

57. 学校如何建立健全沟通机制听取教代会意见和建议？

根据《学校教职工代表大会规定》第八条规定，学校应当建立健全沟通机制，全面听取教职工代表大会提出的意见和建议，并合理吸收采纳；不能吸收采纳的，应当做出说明。具体来说，在实际工作过程中，学校应该做到以下几点：

（1）重视教代会的提案工作，依照立案、交办、办理、反馈等程序与教代会提案委员会（工作小组）和提案人保持沟通和联系。

（2）重视教代会决议的落实，对决议中的教代会意见和建议合理吸收采纳；不能吸收采纳的，应当通过工作协调会、情况通气会、代表接待日、新闻发布会等多种沟通机制做出说明。

（3）充分利用教代会专门委员会（工作小组）会议，教代会团（组）长、专门委员会（工作小组）负责人联席会等机制沟通情况。

（4）充分利用工会就民主管理等工作构建学校与教职工的沟通机制。

（5）建立健全其他符合法律法规规章规定的沟通机制。

第三章

教代会提案工作

58. 什么是教代会提案?

教代会提案是指提请教代会讨论、决定、处理的方案和建议。具体是指教代会代表就学校改革发展全局以及广大教职工普遍关心的重要问题，在广泛征集教职工意见、调查研究的基础上，按照规定的程序和程式，在规定的时间内向教代会提出，经教代会提案委员会（工作小组）审查立案后，由学校相关部门或人员承办落实的书面意见和建议。提案工作是教代会制度的重要组成部分，征集、立案、处理、答复提案是落实教代会职权的重要工作。

59. 教代会提案有哪些特点?

（1）权利的明确性。教代会提案是由教代会代表汇集广大职工群众的意见并充分反映出来，落实到操作层面，从而实现教职工参与学校管理的权利。

（2）主体的指向性。一般只有当选为教代会代表的教职工，才能向教代会递交提案。

（3）内容的限定性。教代会代表提出的提案，应当属于学校的职权范围和教代会的职权范围，超出范围的提案不予立案。

（4）程序的严格性。即提案的征集和处理过程要遵循规范的工作流程。

60. 做好教代会提案工作有何作用和意义?

教代会提案工作是教代会的一项重要工作制度，是提高教代会运行质量的重要环节。它是教代会代表行使民主管理和监督学校事务的一项重要职能；是广大教职工关心学校建设和发展，进一步促进学校内部管理体制民主化、科学化的重要渠道；是广泛调动教职工积极性、创造性，激发主人翁责任感，群策群力办好学校的重要途径。具体来说，做好教代会提案工作的作用和意义主要体现在以下三个方面：

（1）对于学校来说，教代会提案工作是集中群智、调动群力、集思广益、共促发展的一个好平台。在实际工作中，许多学校通过教代会提案工作平台，征集了许多代表提出的好意见和建议，为改善管理、促进学校发展起到了很好的推动作用。

（2）对于工会组织来说，提案是教职工参政议政的直接表达方式，是推进教代会工作群众化、民主化、法治化的关键。由于代表来自职工群众，他们得到的信息往往更加及时、全面和真实。由代表以提案形式将教职工的诉求通过组织程序反映出来，有利于维护教职工的合法权益。

（3）对于教代会代表来说，要提出一个好提案，就必须站在全局的角度，密切联系职工群众，通过调研和分析思考，提出解决问题的对策建议。因此提案提出的过程，也是教代会代表锻炼成长的过程。

61. 教代会提案工作有哪些基本原则？

（1）民主原则。教代会是一项基层民主制度，需要学校充分发扬民主、拓宽民主管理渠道，倾听教职工的意见和建议，妥善解决教职工提出的难点、焦点问题。只有坚持民主原则，广开言路，凝聚广大教职工的智慧和力量，才能真正收集到好建议、好提案。

（2）依法原则。学校根据法律法规和政策规定开展教代会提案工作，撰写提案是教代会代表依法享有的权利和应履行的义务。教代会代表提案的内容要在学校和教代会职权范围内，所提出的意见和要求应当符合法律法规和政策的规定，不能超越这一职权范围。

（3）促进学校发展与维护教职工权益相统一原则。教代会制度不仅是为了保障教职工的民主权利，维护教职工的权益，也是为了促进学校发展。教代会提案工作和教代会的宗旨目标是一致的，既要维护教职工权益，也要替学校考虑，推动学校发展。因此，教代会代表在撰写提案时，要有大局观，多角度进行思考并提出好建议。

(4) 实事求是原则。教代会提案要考虑相关事项解决的条件及可能性。不论是提案人，还是工会或教代会提案委员会（工作小组）在对提案进行审查立案，都要考虑到学校的实际情况，一切从实际出发。

(5) 规范管理原则。教代会提案工作有一整套工作程序和规范化要求，尤其是提案的征集、办理和督办等工作，事关提案的严肃性和可行性。因此，在处理提案工作时，要严格按程序进行，并强化执行力，确保教代会提案工作的实效。

62. 教代会提案包括哪些方面的内容？

通常来说，只要属于学校管理职权范围和教代会职权范围内，涉及学校改革、发展、建设、管理以及教职工权益维护等方面的诸多事项，都可纳入教代会提案的范畴，如学校教学科研、教育管理、学科建设、人事制度、人才梯队建设、干群关系、生活福利、后勤保障等。具体来说，主要包括三个方面的内容：

(1) 有关本校贯彻执行党的方针、政策和国家法律、法规及上级有关规定等方面的意见和建议；

(2) 有关学校管理、教育、教学、科研等方面的意见和建议；

(3) 有关教职工切身利益，影响较大的意见及职工群众关心的其他方面的建议。

63. 教代会提案工作有哪些基本要求？

(1) 提案的主体要求。提案必须由教代会代表提出，这是代表的权利，更是其义务。在一般情况下，提案必须由一名代表提出，两名以上代表附议，以说明该提案受支持的广泛程度和被重视度。当然，少数情况下，也可由代表团（组）或教代会专门委员会（工作小组）提出。

（2）提案的形式要求。提案通常以书面形式提出，为便于提案的处理，提案应该一事一案，一案一表，以便明确提案的主题内容，并确定合适的承办单位。提案表通常一式三份，一份交有关部门承办，一份随提案回复表返回提案人，还有一份留存在工会，以便于检查监督。

（3）提案的要素要求。一条完整的提案应包括五大要素：一是案名，即提案的标题，用简明的文字说明提案要求解决什么问题，而且案名和提案内容要一致；二是理由，或者叫案由（事由），即阐述为什么要做这个提案，现在存在哪些问题，有哪些影响，并分析其原因或根据。它是提案的核心部分，要有情况、有分析，实事求是，简明扼要，切忌笼统、空泛；三是建议，即针对提案所反映的问题，根据存在的原因，提出解决问题的主张和办法或措施建议；四是提案人和附议人；五是日期。此外，有些提案还会有附件，如调查报告或有关数据材料。

（4）提案质量的基本要求。一是反映大事。就是提案内容要围绕学校发展与管理的重大问题，或者职工群众普遍关心的重要事项。只有这样，才能体现教代会的基本职能，并体现提案人的水平。二是言之有据。提出提案是教代会代表行使民主权利的重要形式，有其严肃性。因此提案的提出，必须在深入调查研究的基础上，做到言之有理、言之有据，避免道听途说或捕风捉影。三是案情清楚。即案情叙述具体、事实准确、分析恰当、持之有理，并力求语言简洁，言之有物，说理充分，判断正确，体现提案的严肃性和科学性。四是建议具体。这是使提案能否被采纳的关键。提案的目的是解决问题，提案人应把建议建立在可行性的基础上，针对案情，提出具有可操作性的措施建议。否则提案的主题再好，但缺乏可行性的建议，也难以落实。五是一事一案。一份提案只能就一个问题展开叙述并提出处理的意见和建议，以便于讨论并确定承办单位，使提案得到落实。六是书写工整。为便于提案的审查、讨论、确定和落实，提高提案处理工作的效率，提案应书写工整、表达流畅。有条件的，应打印出来或提交电子提案。

64. 哪些人可以当提案人？

通常来说，教代会提案的提出主体是教代会代表、教代会代表团（组)、教代会各专门委员会（工作小组)，统称为提案人。具体包括以下几种情形：

(1) 教代会正式代表可以以个人名义或联名提出提案。

(2) 教代会代表团（组）可以以代表团（组）的名义提出提案。

(3) 教代会专门委员会（工作小组）可以以委员会（小组）的名义提出提案。

(4) 对临时突发的、影响较大的热点问题，可由教代会团（组）长会议研究讨论，提出提案。

在实际工作中，教代会提案是教代会代表在广泛征求教职工意见的基础上提出的。因此，教代会提案的主体不仅是教代会代表个人，还包括参与此项提案的酝酿、研究、撰写和提出的教职工。

提案可以由教代会代表提出，也可以由多名代表联名提出。提出提案的人员应该是本届教代会的正式代表；提出联名提案时，发起人应当作为第一提案人，签名列于首位，其他联名的代表作为附议人，应当签名同意。

教代会代表团（组）可以以代表团（组）的名义提出提案。以教代会代表团（组）名义提出的提案，须由代表团（组）过半数代表通过，并由代表团（组）长或者召集人签名同意。

教代会各专门委员会（工作小组）可以以集体名义提出提案。各专门委员会（工作小组）提出的提案须由专门委员会（工作小组）负责人签字。

注意：一般的教职工要提出提案，可以通过教代会代表来进行。附议人是与提案人有着相同提案建议的人，在有些学校的教代会中，因代表名额十分有限，因此附议人可以是教代会代表，也可以不是教代会代表。

65. 提案人的主要职责有哪些？

提案人的主要职责就是要认真负责地做好提案工作。具体要做到三个“善于”：

（1）要善于发现问题。这是指提案人要懂得相应的专业知识，能够发现问题的症结所在，而且能够把问题的规律观察清楚。

（2）要善于调查研究。就是提案人要因时制宜、因地制宜、因人而异，采用合适的方法来了解情况，尽可能全面把握问题的根源和事实，从而提出有针对性的建议。

（3）要善于集思广益。就是指提案人要善于听取各方面的意见，能够总结归纳出思路，在此基础上提出有价值的意见和建议。

66. 教代会提案工作与哪些主体有关？

（1）学校工会。工会是教代会的工作机构，在教代会提案工作中处于主导地位，其主要责任是指导、协调并配合教代会提案委员会（工作小组）工作，并督促行政做好提案的处理工作。根据《学校教职工代表大会规定》的相关规定，学校工会是教代会的工作机构，负责教代会的日常工作，履行五项职责，其中重要的一项就是征集和整理提案，提出会议议题。工会要通过各种形式在职工群众和教代会代表中进行广泛的宣传动员，积极引导教职工主动将意见和建议反映给本单位教代会代表。工会还要定期审查提案，促进落实，并实行提案管理，完善提案制度。

（2）教代会代表。教代会代表是学校民主管理的参与主体，也是从事提案工作的主体。教代会代表的主要任务是在调查研究、分析思考的基础上，认真负责地提出高质量的提案。这是因为，提案工作要做好，首要条件是提案质量要高。假如每个学校在召开教代会之前，能够征集到一批高质量的提案，并引起包括学校领导和相关部门的高度重视，那么就能很好地促进教代会作为学校民主管理基本形式发挥出民主制度的作用。教代会代表要提出高质量的提案，不仅要思想重视、方法得当，还要熟悉党的相关方针政策、国家的法律法规，并对学校管理的有关情况以及职工群众的意愿与要求有准确的认识与把握。因此，教代会代表要本着对学校和教职工高度负责的精神，积极履行好相关义务，尤其要就如何搞好学校的改革建设、创新发展，提出高质量的提案。

(3) 教代会代表团（组）。教代会各个代表团（组）是教代会组织体系的组成部分。在教代会提案工作方面，代表团（组）应做好本团（组）的提案征集工作，并协助承办部门做好处理落实中的协调沟通工作。具体来说，代表团（组）在提案工作中的责任主要有以下两点：一是承担发动宣传、收集、整理和提案预审工作。提案征集工作虽然由提案委员会（工作小组）具体负责，但各代表团（组）是直接面对代表的第一责任人，对提案工作承担组织发动、宣传、初审等具体工作，尤其是要组织和指导教代会代表提出有质量并有一定数量的提案。这个工作进行得如何，直接影响着提案的质量。二是承担组织协调工作。能否提出高质量的提案，除了提案人的积极主动、教代会代表自身素质等因素之外，代表团（组）的组织引导作用也很重要。实践中常常有一些高质量的提案是举代表团（组）之力，并以代表团（组）的名义提出来的。此外，代表团（组）还要协助提案承办部门、提案委员会（工作小组）和工会在提案落实过程中做好与提案人的协调沟通工作，促进提案的处理落实。

(4) 教代会提案委员会（工作小组）。该机构在不同学校有不一样的具体名称，比如有提案委员会、提案审理委员会、提案工作委员会等。严格来说，这不仅仅是名称的区别，还会涉及该组织的定性，即关系到所承担的职责和任务上的差异性。作为教代会的一个专门委员会，本书采用多数学校定位的提案委员会（工作小组）这一名称，它主要承担着征集立案与检查监督行政处理落实提案的双重职责。在部分学校，教代会提案委员会（工作小组）直接承担具体工作，是提案工作的责任主体和主要承担者。但对于大多数学校来说，提案委员会（工作小组）从某种意义上来讲是一个松散的组织机构，组成人员全部都是兼职。没有工会组织的重视与支持帮助，该机构的工作是难以顺利进行的。因此，许多学校的提案委员会（工作小组）的具体工作由工会组织来协调处理。

(5) 学校行政。教代会提案工作是教代会的一项重要工作制度，作为学校民主管理工作的重要组成部分，需要学校行政及各职能部门的重视、支持和配合。学校行政负责教代会提案处理工作，将处理落实情况向提案人通报，向教代会报告。从某种意义上来说，在整个教代会提案工作的组织体系中，行政作为承办提案的责任主体，处于中心地位，起着至关重要的作用。这是因为，若提案处理不力，代表提出的好的意见与建议得不到有效的落实，不仅影响当次教代会提案处理落实的效果，而且是对代表的主人翁地位的不尊重，也影响代表的积极性，进而影响教代会提案的质量。

在大多数学校的实践工作中，教代会提案工作主要还是由学校工会和教代会代表来操作，当然教代会提案委员会（工作小组）、各代表团(组)、学校行政也是十分重要的支持和依靠力量。

67. 教代会提案工作机构有哪些工作职责?

教代会提案委员会（工作小组）是教代会下设的专门机构，在教代会的领导下，负责提案工作。提案委员会（工作小组）的组成人员一般由工会以及学校相关职能部门组成。提案委员会（工作小组）成员应为本届教代会代表。提案委员会（工作小组）办公室设在工会。

提案工作机构的工作职责主要包括：

（1）对教代会代表提交的提案进行初审和立案，将立案的提案分类整理、编号、审理。按规定的交接手续转送有关部门受理。

（2）检查、督促提案受理部门的提案处理工作，并在一定时间内，通过一定的形式向提案人回复提案处理结果，做到件件有着落、件件有答复。

（3）研究分析提案受理部门的提案处理报告，对各部门处理提案工作的结果作出客观评价。

（4）根据提案受理部门的工作情况，适时组织教代会代表巡视提案落实情况，邀请提案受理部门向提案人报告提案处理结果。

（5）写出提案处理报告，提案委员会（工作小组）负责人在下一次教代会上作专项报告，接受教代会代表的审议。

（6）协助党政组织做好提案工作的总结和表彰等工作。

68. 教代会提案工作的具体流程是什么？

工会或者教代会提案委员会（工作小组）负责提案工作。在实践操作中，尽管不同的学校在提案工作流程方面会有少许区别，但基本的工作流程大体一致，主要包括以下几个环节：

（1）征集。教代会召开前（一般在召开前一个月左右），由工会或提案委员会（工作小组）发出征集提案通知，集中向教代会代表发放提案征集表。各代表团（组）深入宣传本次教代会的中心议题，并组织教代会代表调查研究，严肃认真地履行提案权，抓住重点提出提案，使提案能集中反映全局性、重点性工作。

（2）撰写。教代会代表在深入开展调查研究，认真听取和收集教职工意见的基础上，按照规范的要求撰写提案。

（3）审查。各代表团（组）收集提案并送交工会或提案委员会（工作小组）。工会或提案委员会（工作小组）对汇总的提案进行审查，分析提案能否立案，一般有三条标准：一是看提案内容是否符合有关政策法规；二是看是否属于本校和教代会职权范围；三是看有没有实施的价值和可能。符合这三点要求，可以视为审核合格。不合格的提案，可以退回提案人并说明情况。交换意见后，由提案人收回或修改后重新提出。

（4）立案。对审核合格的提案，工会或提案委员会（工作小组）再分析研究哪些可以立案。对符合党和国家政策法规、学校有条件办理，又确实需要办理的提案，应当给予立案；对提出的问题正确，但一时没有条件解决的，可向提案人作出解释，暂不立案；一些不符合立案要求但有参考价值的提案，可作为“意见和建议”，转送有关部门，直接答复提案人。正式立案的提案，工会或提案委员会（工作小组）进行整理并分类登记，分送行政主要领导或有关部门进行处理和实施，重大问题的提案应提交教代会讨论。

（5）落实。在确定具体实施部门以后，工会或提案委员会（工作小组）应督促其在一个月内根据提案要求制订落实的计划措施，做到“三定”，即定部门、定人员、定进度。工会或提案委员会（工作小组）对提案的落实情况进行检查和督促，加强同有关部门及提案人的沟通联系，为提案的实施创造条件。

（6）再审。提案在实施过程中遇到困难或执行不力，工会或提案委员会（工作小组）要调查研究，作出判断。属于应该执行的，要督促有关部门认真执行；属于条件变化，不能按原计划执行的，允许说明情况，取得一致意见后，暂缓或停止执行。但要给提案人作出满意解释。

（7）反馈。立项的提案，不论是已落实的还是没有落实的，工会或提案委员会（工作小组）都要通过一定的形式（通常为书面形式）向提案人反馈处理结果，并征求提案人和附议人的意见。

（8）总结。工会或提案委员会（工作小组）对提案的落实情况及时进行总结和归档，并形成书面报告，在下次教代会上报告提案的处理及落实情况。

提案工作流程图

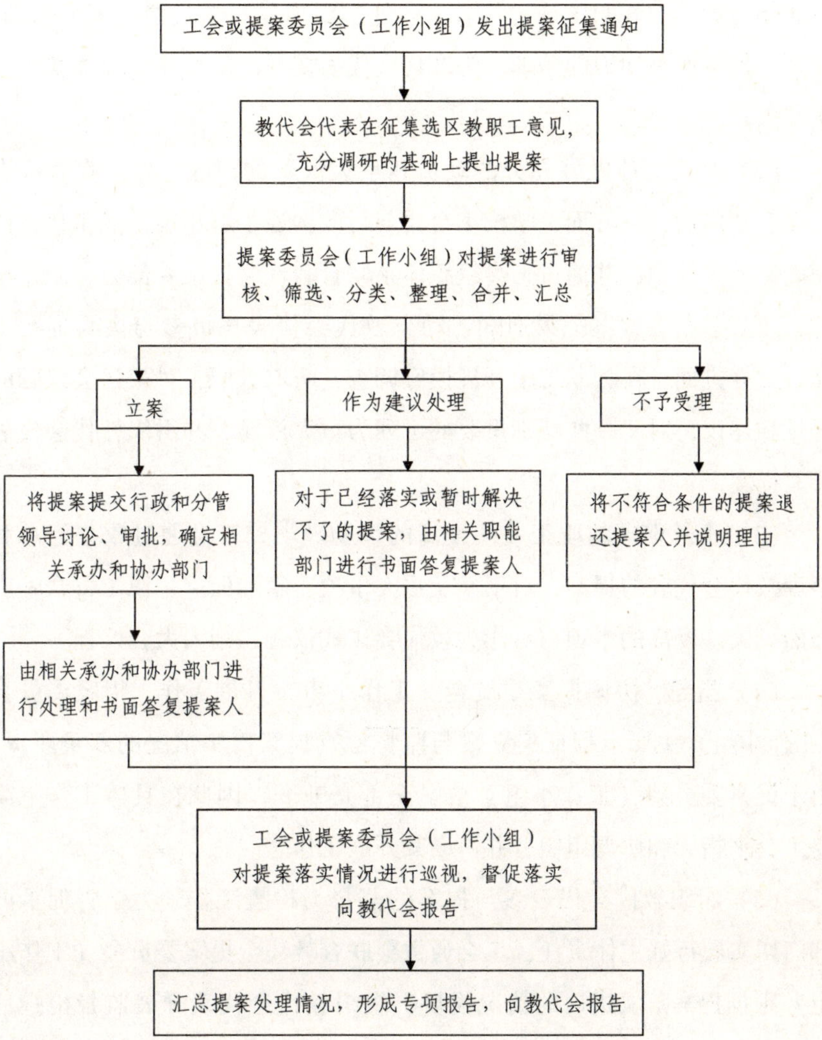

69. 学校工会在教代会提案工作中的职责有哪些?

学校工会作为教代会工作机构，作为民主管理的组织者、推动者以及职工群众利益的代言人和维护者，在教代会提案工作中承担着重要责任。其具体职责主要有以下几个方面：

（1）做好教代会代表的选举产生与业务培训工作。学校工会应把好教代会代表的入口关，把政治觉悟高、工作责任心强、思想作风好、素质能力突出的教职工选为代表。此外，要加强对教代会代表的培训，尤其是提案业务知识的培训，为教代会代表撰写出高质量的提案奠定坚实基础。

（2）教代会前做好充分的动员和重大议题的摸底工作。在教代会工作启动以后，一方面，学校工会要与行政沟通了解年度重点工作，协商确定重大议题，并通过工会组织体系联合教代会提案委员会（工作小组）下发教代会提案征集通知，动员教代会代表积极参与撰写提案工作。另一方面，在教职工中开展摸底调查，听取教职工对教代会议题的意见和建议，对于一些特别重要的可列为重大议题，并组织教代会代表撰写提案。

（3）汇总整理教职工关注度高的议题。学校工会通过收集汇总和整理教代会代表的提案，对于涉及重大事项、牵涉面广、职工群众呼声强烈、关注度高的事项，可作为教代会正式议题，列入大会议程。

（4）指导、协调提案委员会（工作小组）开展工作。提案委员会（工作小组）主要承担征集立案与监督检查提案落实情况的双重职责。由于提案委员会（工作小组）成员全部是兼职，因此在具体工作中需要工会来指导和协调组织，并协助其开展工作。

（5）组织教代会代表参与提案的监督与检查工作。为了督促承办部门切实履行好主体责任，工会通常会联合教代会提案委员会（工作小组）根据提案落实进展的情况需要，组织教代会代表开展监督检查活动，以督促提案的落实。

（6）做好年度总结工作。通常来说，每个年度的提案征集与落实情况要有专项工作总结，并形成书面报告，在下一次教代会上向全体代表通报。由于工会是教代会的工作机构，这一工作通常由工会来完成，或由工会协助教代会提案委员会（工作小组）的负责人来完成。总结的内容包括提案征集情况说明、立案情况说明、提案落实情况、相关经验及今后应注意的问题等。此外，工会还要协同提案委员会（工作小组）做好优秀提案及承办单位的评选与表彰工作。

70. 学校工会在开展提案征集工作中有哪些工作?

在征集教代会提案工作中，工会的作用是否得到充分发挥，对提高教代会提案的质量起到关键性作用。在教代会召开之前，学校工会要会同教代会提案委员会（工作小组）认真组织，切实做好提案征集工作，重点要做好以下几项工作：

（1）思想引领。工会要通过发放通知的形式，向教代会代表讲明提案的目的、意义，动员代表积极向教代会提出提案。要重点组织动员有责任心、能力强的代表尤其是骨干撰写提案。

（2）指引方向。工会要组织教代会代表围绕搞好学校教学、科研和管理等方面的薄弱环节入手提出提案；也可以从本单位实际出发，对教职工生活福利和文化娱乐活动方面提出提案。尤其是要深入宣传本次教代会的中心议题，围绕学校年度重点工作提出提案，使提案能集中反映学校的全局性、重点性工作。

（3）创造条件。工会要把电子或纸质提案征集表事先发给教代会代表，指导代表找准选题的切入口，认真开展调查研究，听取和征询职工群众的意见和建议。必要时组织专业人员帮助代表一起想办法，完善整改措施。

（4）帮助形成提案。工会要指导和帮助教代会代表厘清提案的写作思路，从提出问题、分析问题、解决问题及改进工作的措施等方面撰写提案，确保提案的内容与格式符合要求。

71. 如何撰写教代会提案征集通知?

在确定好要召开教代会之后，学校工会就要正式启动教代会的各项会前准备工作，通常在会前一个月左右下发提案征集通知。教代会提案征集通知是启动提案征集工作的文件，一般由以下几个方面的内容所组成：

（1）标题。完整的标题要写明单位名称、教代会的届次，如《关于征集××学校×届×次教职工代表大会提案的通知》。

（2）内容。主体内容分为三部分：一是提案征集的范围或内容；二是提案征集的要求；三是征集提案的截止时间和提交方式。有些学校这部分的内容写得相对详细，甚至把提案的立案、处理和表彰等相关事宜也作了说明。

（3）落款。通常落款为学校工会，也有部分学校将工会和教代会提案委员会（工作小组）作为共同落款。这需要根据学校的实际情况来决定，如果教代会提案工作主要是工会在操作，则工会落款较为合适。

注意：在下发征集提案的通知时，也要同时下发提案表，或者将提案表作为提案征集通知的附件。在实际操作中，每个学校的提案表都不一样。规范的教代会提案表应包括以下要素：提案编号、提案人及附议人、案名、案由、建议与措施、提案委员会（工作小组）或工会意见、承办部门处理情况、主管领导意见、提案人对提案处理情况的意见等。

工作范例

【范例1】关于××大学六届四次教代会提案征集工作的通知

各代表团、各位教代会代表：

经校党委常委会××××年××月××日会议研究，定于××××年××月××日—××月××日召开我校第六届教职工代表大会第四次全体会议。为进一步发挥代表提案在维护教职工参与学校民主管理和民主监督中的作用，现就我校六届四次教代会代表提案征集工作通知如下：

一、提案原则

1. 全局性原则。应正确体现国家、学校和个人三者的关系，严格遵守国家法律法规，客观分析学校建设事业和教职工职业发展中的现实问题，提出合理化意见和建议。

2. 代表性原则。应广泛征求教职工意见和建议，能够集中反映学校教学、科研和人才培养，以及教职工普遍关心的热点问题，对学校工作大局或多数教职工工作和生活产生积极影响。

3. 可行性原则。应充分调查论证，并提出具体工作建议，具有科学性和可操作性。

4. 规范性原则。应按照提案规范和须知，并使用统一编制的提案表提交。

二、提案规范

1. 提案由1名教代会代表提出，2名及以上教代会代表附议方为有效。

2. 一事一案，问题明确，言之有据，建议可行。

3. 围绕学校教学、科研、管理、服务等中心工作和教职工普遍关心的重大问题。

4. 以下内容不可作为提案提出：

（1）不符合党和国家方针、政策、法律、法规的问题；

(2) 属于学术研讨的问题;

(3) 属于应向纪检监察部门举报或揭发的问题;

(4) 为代表个人或他人解决的个别问题;

(5) 学校或教代会职权范围之外的问题。

三、提案指南

1. 本科生人才培养如何进一步优化培养模式，如何统筹通识教育、专业教育、创新创业教育，完善体制机制，深入实施拔尖创新人才培养计划，提高培养质量。

2. 研究生教育如何解决生源、课程建设、分类培养、导师队伍建设、政策等方面存在的问题和差距，切实提高研究生的创新能力。

3. 如何以学科为基础，以人才培养为核心，探索建设学科高峰新举措，以一流学科建设引领健全学科生态体系，确保进入国家“一流学科”建设行列。

4. 如何进一步加强哲学社会科学体系建设，如何加强新型智库建设，研究区域问题，联动政策窗口，成为地方经济社会发展的引领者。

5. 理工科如何围绕领军人才、科技创新平台、科研团队等方面创新体制机制，切实增强承担重大科学问题、重大科技创新的能力，增强科技供给能力，在解决国家对战略科技支撑的需求中占据一席之地；如何进一步推进技术转移转化机制和模式等方面改革，大力促进科技成果转化。

6. 作为地方高校，如何进一步理顺体制机制，统筹规划，科学配置教育资源，提高资源使用效益，形成优势特色，成为区域高等教育创新珠峰。

7. 如何深化人事制度改革，厚植成长成才土壤，建立健全教师、专业技术人员、管理干部、职员协调发展的长效机制；如何在大力引进与培养人才的同时，做好稳才、用才工作，营造每个人才投身事业发展的良好氛围，最大限度地发挥高层次人才的作用。

8. 面对办学经费紧张的情况，如何挖掘学校产业、科技成果转化、社会有偿服务等的潜力，提高自筹经费能力。

四、征集要求

1. 征集时间：××××年××月××日至××月××日。

2. 征集方式：本次教代会提案采用纸质形式提交，代表进入校工会网站下载专区下载“六届四次教代会代表提案表”，按要求认真填写，经提议代表和附议代表签名后交校工会办公室。

联系人：×××

联系电话：××××××××

××大学工会

××××年××月××日

【范例2】××学校×届×次教代会提案表

编号：

<table>
<tr><td colspan="2">提案人</td><td></td><td>附议人</td><td colspan="2"></td></tr>
<tr><td colspan="2">案名</td><td colspan="4"></td></tr>
<tr><td rowspan="2">提案内容</td><td>案由</td><td colspan="4"></td></tr>
<tr><td>整改措施建议</td><td colspan="4"></td></tr>
<tr><td colspan="2" rowspan="4">审核意见</td><td colspan="2">（1）立案</td><td></td><td rowspan="4">提案工作小组负责人（签字）：

年　月　日</td></tr>
<tr><td colspan="2">（2）退回重提</td><td></td></tr>
<tr><td colspan="2">（3）作为意见、建议</td><td></td></tr>
<tr><td colspan="2">（4）直接答复提案人</td><td></td></tr>
</table>

续表

领导批示意见	经研究，确定本提案由　　　负责实施，请于　　年　　月　　日完成。 校长（签字）： 年　　月　　日		
承办部门意见			
结果意见反馈	（1）满意		提案人（签字）： 年　　月　　日
	（2）基本满意		
	（3）不满意		

72. 教代会提案的审查程序是怎样的?

（1）提案预审。提案提出后，通常规模较大的学校，如高校会要求各分工会或代表团（组）收集提案，并本着尊重和维护提案人的民主权利、保证提案质量的原则，对收到的提案能否立案进行初审，拿出立案或不予立案等初步意见，然后统一上报给学校工会或教代会提案委员会（工作小组）。对于一些较小的学校，往往是由教代会代表直接将提案提交给学校工会进行初审。在初审时，对于一些选题较好但内容不够完整的提案，工会往往要给提案人一些修改意见，要求其在规定时间内完善提案，以提升提案质量。这又分为几种情形，如对案名和提案内容不符的，请提案人修改；对建议缺乏可操作性的，请提案人补充；对缺少附议人的提案，请提案人动员其他代表共同参与提案。通过仔细认真的预审工作，从而有效保证上报提案的质量。

（2）登记造册并进行分类。对征集到的所有提案，学校工会或提案委员会（工作小组）依据有关规定，对提案进行登记造册，以单位为序，对上报的提案进行编号，确定标题；对提案进行整理，按照提案的性质、重要程序、职权范围进行分类，对所有提案区分为立案、不予立案、合并立案等意见。

（3）召开提案审查会议。提案委员会（工作小组）或工会对每条提案进行逐条讨论，最后确定是否立案。审查的主要内容是提案是否符合有关政策法规；是否属于学校及教代会职权范围；有没有实施的价值和可能性等。这需要各位委员根据学校中心工作和实际情况，发表意见，深入论证，并形成一致意见。对征集到的提案，一般根据提案的重要程度分为立案提案、不予立案提案和意见类提案。

提案审查会议通常应由学校行政负责人或委托人主持，工会的主要领导和提案委员会（工作小组）成员参加。在实际工作中，为了提高提案审查会的效率，参加人员范围一般要扩大到提案涉及的承办部门负责人。这些部门主要是学校管理的各个专业职能部门，对有关提案是否符合学校当前发展实际，能够提供最准确的意见和建议。

73. 教代会提案的立案要求有哪些？

提案的要求主要包括：一是提案要符合党的政策和国家法律法规；二是提案要符合大多数教职工的意见和建议；三是提案要切合实际，是职工群众特别关注、学校有条件办理的事；四是提案要立实案，就是办具体的、看得见的实事，不能立无形案；五是对内容相同或相近的提案，要合并立案办理。

予以立案的情形包括：有关学校贯彻执行党的方针政策和法律法规的建议和方案；围绕学校发展规划和工作重点的事项；有关学校内部管理、教育教学、基本建设等方面的建议和方案；有关生活福利、教职工进修培训和教育等方面的建议和方案；有关学校改革发展、文化建设以及其他有利于学校总体利益的建议和方案；教职工普遍关心的其他重要事项以及与教职工切身利益相关的建议和方案。

不予以立案的情形包括：与党的方针政策和国家法律法规规定不相符的提案；与学校情况不相符的提案；不属于教代会职权范围内的事项；超出学校管理权限和基层单位可以解决的提案以及上级已有明确规定的问题；学校或职能部门已经明确列入议事日程待办的事项；没经过充分的调查、考证、名不符实的提案；不符合技术规范、缺乏可操作性的提案；内容空洞，或提案和建议缺乏必要的关联性，没有具体建议；属个人问题以及不宜列为提案的问题等。

74. 如何做好教代会提案的审理分类工作？

关于提案的分类，从不同的角度出发，有不同的分类方法。按照提案的重要程度，分为重大提案和非重大提案；按照受理部门，分为由行政处理和非行政处理的提案；按照处理方式，分为近期可以解决的和暂时不能解决的提案。

在工作实践中，通常的做法包括：区分是不是重大提案。重大提案应交大会主席团讨论，列入教代会的正式议题，可安排大会发言和进行审议；不属于重大提案的，按受理部门分类；按照处理方式进行分类，可以分为立案、调查、解释、暂缓处理等。对符合政策规定，本校有能力又确实需要解决的提案，做立案处理。凡立案的，都要进行整改。立案数占全部提案数的比例称为立案率，立案率是衡量提案质量的一个标准。究竟立案率达到多少比较合适，需要根据每次提案的质量来决定。调查，即对提案的内容、可行性做深入了解和研究，暂时不立案，待调查研究后再作出决定。解释，即对不符合政策，或者本校无法解决的提案，向教代会代表作出解释。有些学校在操作中还将这类提案退回提案人。暂缓处理，即对符合政策，但目前本校缺乏解决能力，留待以后解决。

提案的审理分类工作一般由提案委员会（工作小组）负责，不设提案委员会（工作小组）的由工会会同行政处理。

75. 怎样办理教代会提案？

学校工会或教代会提案委员会（工作小组）负责对征集到的提案进行归类整理和审查，办理提案通常分以下两种情形：

（1）经审查不予立案的，可根据不同情况退回或作为一般意见、建议处理。作为一般意见、建议处理的提案由提案委员会（工作小组）或工会以适当的方式向提案人说明情况。此外，对按照意见处理的提案，也要提交相关职能部门答复，并及时向提案人反馈。

（2）凡确定正式立案的提案，由提案委员会（工作小组）或工会重新进行整理、合并，确定案名，重新编号，同时提出主办部门和协办部门的初步方案。

确定立案的提案，部分学校采取召开提案落实会议，由学校行政负责人主持，教代会提案委员会（工作小组）成员参加，学校工会领导、相关职能部门和有关单位负责人参加，将提案逐条进行落实：一是明确落实提案的主办部门、协办部门；二是明确落实完成时间。还有些学校尽管不专门召开提案落实会议，但提案委员会（工作小组）或工会会将立案的提案送有关领导阅处。经领导签署意见后，再交付有关部门（单位）办理。

有些学校工会在将已经立案的提案送交承办单位或部门处理时，还附上相关说明书。说明书的主要内容如下："××处、室负责人：经本届教代会提案委员会审定、主管领导批准，编号为××的提案达交您处处理，请认真审阅，并请在××××年××月××日前提出处理意见，上报工会。为尊重教职工的意见和提高办理效率，请你们及时与提案人取得联系。"这一做法主要是保证提案处理工作更加规范、更具有权威性，避免相关部门在处理提案时敷衍了事。

承办提案的单位或部门接到提案后，要对提案进行认真研究，凡是有条件解决的问题，拿出实施方案，列入年度工作安排；凡是因条件所限不能马上解决的问题，制定计划，创造条件解决；凡是无法解决的问题，要本着实事求是的态度，与提案人做好沟通解释工作，获得提案人的理解。通常来说，各承办单位或部门应指定专人负责，主要负责人亲自过问，分管领导签署意见，原则上一个月内进行答复。

在实际工作中，提案的办理结果通常有四种情况：一是所提问题已经解决或基本解决的；二是所提问题正在解决或已列入规划逐步解决的；三是所提问题因条件限制暂时无法解决的；四是所提建议、提案供有关部门参考。无论提案处理结果是什么，都要予以答复。所有的提案，必须登记建档。对已经采纳、实施、表彰奖励的提案，也应记载其过程和结果。

工作范例

关于切实提高××中学“以德铸魂、以善育人”德育特色工作实效的建议

提案内容：近年来，我校以“注重对人的精神品质的培育，引导学生懂得善良、崇高、博爱、正义、尊严、责任、使命，培养学生对美好事物的感知能力，对崇高的体悟，对价值的理性判断与选择，以及在此基础上的不为功利、执着追求的精神”为教育价值观，致力于探索“以德铸魂、以善育人”的德善教育特色文化建设实践。总体来看，德善教育特色活动内容不丰富，形式单调，真正打动人心、激发学生向上向善的感召力不足。

我校早在20世纪30年代就有为品德好的学生颁发过善行证，“以德铸魂、以善育人”是我校的德育理念。习近平总书记在与北京大学师生座谈时指出：“要把立德树人的成效作为检验学校一切工作的根本标

准，真正做到以文化人、以德育人，不断提高学生思想水平、政治觉悟、道德品质、文化素养，做到明大德、守公德、严私德。要把立德树人内化到大学建设和管理各领域、各方面、各环节，做到以树人为核心，以立德为根本。”

为进一步深化善行德育的工作，建议健全制度机制，开展形式多样的善行教育活动，鼓励班级开展微善创意行动，开展“亲情体验”活动，开展学雷锋志愿服务活动，加强善行示范与科研，使我校的德育工作再上新台阶。

该提案经学校教代会提案小组审查，同意立案，由校办公室承办。承办部门积极组织实施，采取了一系列措施，使该提案得到了有效落实，并且落实效果得到了提案人、学校、家长和社会的各方认可。

主要举措：一是健全制度机制。学校成立了“以德铸魂、以善育人”德育特色工作领导小组和办公室，明确了学校各部门在德育特色工作中的职责分工，建立了德育特色工作的评价激励机制，定期举行微善优秀案例展评活动。

二是开展形式多样的善行教育活动。编写《善行教育读本》《微善行动案例选编》等校本教材，通过入学教育、班会活动、团日活动、课堂德育渗透、模范典型示范等方式对学生进行知善、扬善、行善的教育，并在《××中学善行记录册》中记下善行和感受，增强师生参与德育教育活动的积极性。

三是鼓励班级开展微善创意行动。以微善社为平台，组织各班级学生自主考察、挖掘创意，开发出《盲道的治理与打扫》《通过义卖关爱留守儿童》等微善项目100余个。

四是开展“亲情体验”活动。利用周末和节日、寒暑假，在所有学生中开展“亲情体验”活动，组织每个学生为家里做一件事，让学生学会感恩父母、感恩亲人，增进亲情。

五是开展学雷锋志愿服务活动。定期组织学生开展交通文明岗、街道社区服务、敬老院服务等志愿活动，增强学生存善心、有善念、行善举、做善事、成善人、扬善学的主动性和自觉性。

六是加强善行示范与科研。将善行教育实践和德善科研紧密结合起来，不断总结，提炼经验，推动德育特色工作取得新成效，《邓小平风范蕴含的德育资源及在中小学的应用研究》《新时期农村中学育善培德的理论及实践研究》分别获省、市立项，多个课题荣获教育部、市政府奖励。

76. 如何做好教代会提案的督办工作?

学校工会或教代会提案委员会（工作小组）是落实办理提案的具体督办部门，一般通过送达立案提案通知书、年中向承办部门送达征集表等形式进行立案提案的监督与落实。在处理提案的过程中，学校工会或教代会提案委员会（工作小组）应掌握提案落实的进展情况，必要时督促承办单位抓紧办理，以保证提案落实的速度与质量。提案的跟踪落实一般由学校工会会同行政办公室负责，也可以由教代会提案委员会（工作小组）等专门机构协助落实。

督办工作的内容主要包括：一是定期或不定期了解一般提案的办理进展情况；二是对重点提案实行重点跟踪，与有关部门保持密切联系，不断督促其抓紧落实；三是对不熟悉提案承办要求的部门和个人，给予必要的指导；四是对由不同部门办理的同一提案，协调相关部门统筹进行；五是发现问题时，及时提出整改建议。

督办工作程序主要有以下几个环节：

（1）制定措施。督促制定实施计划和落实措施，做到“三定”，即定部门、定人员、定进度。定部门，就是确定主要负责部门，由其牵头协调和落实措施；定人员，就是明确由谁去具体实施；定进度，就是确定落实提案的时间。

（2）听取意见。工会或教代会提案委员会（工作小组）以电话、书面、座谈的形式，就落实措施内容征求提案人的意见，必要时可以请落实部门的相关人员、提案人进行直接沟通，进一步听取意见。

(3) 跟踪落实。工会或教代会提案委员会（工作小组）组织提案人、教代会代表根据提案落实进度和具体措施，对相关部门落实情况进行中途检查，检查后双方交换意见。对落实得好的部门要肯定成绩，对落实得不好的要提出建议，对落实有困难的，要想方设法予以帮助。当然，处理相关提案的职能部门负责人也要及时催办直接责任人，帮助和协调解决具体问题，因条件不具备而一时不能解决的问题，要制定计划和议案，创造条件逐步解决。

(4) 满意测评。提案落实后，由工会负责组织教代会代表对提案落实情况进行满意度测评，对满意度低的提出整改意见和建议。

在实践操作中，有些学校还建立了“三见面”制度，收到了较好的效果。“三见面”制度的内容是：受理部门收到提案后立即同提案人见面，进一步听取情况的介绍；受理部门提出措施后，同提案人进行第二次见面，听取意见；提案落实后，同提案人进行第三次见面，听取提案人对提案落实情况是否满意的意见。

延伸阅读

D大学召开六届三次教代会代表提案落实沟通推进会

近日，D大学教代会提案工作委员会召开六届三次教代会代表提案落实沟通推进会，会议分专题对代表提案的跟进落实情况进行了认真的反馈和充分的沟通，并就如何进一步落实提出意见和建议。提案工作委员会邀请学校行政主管领导、相关职能部门负责人和提案代表，一道分析研判，集思广益，为提案的进一步落实提出切实可行的意见和建议。

会上，提案工作委员会主任就管理学院代表团××代表提议的《关于在学院管理中推行预算—审核管理制度的建议》；后勤集团代表团××代表提议的《开通学校网络支付》；信息学院代表团××代表提议的《提升教职工餐厅服务质量的建议》等提案的初步落实情况进行了通报。随后，职能部门就提案落实情况，提案代表就落实反馈意见进行了补充说明。

以上提案的进一步落实工作得到了校领导的高度重视，以及相关职能部门的积极响应。沟通会上，他们认真倾听代表的意愿，与代表共同探讨，积极寻求提案落实的办法。

学校领导表示，学校会认真听取提案代表对于学校建设，尤其是在财务管理制度的健全和完善等方面提出的意见和建议，今后将在更系统、更广泛的调研评估基础上制定完备的改革方案，优化财务管理体系，降低风险、循序渐进，积极实现智慧校园和数字校园建设。学校领导还就教工餐厅问题的提案，和与会人员进行了探讨。领导表态，学校正处在“双一流”建设和全面深化综合改革的关键时期，得人才者，得“双一流”，学校坚持以师资队伍建设为核心的人才强校战略，要关心他们的教学科研，为他们的工作助力，同时要关心他们的生活，让大家以健康的身心投入工作。教职工餐厅服务是教学科研工作的重要后勤保障之一，教职工餐厅建设也是学校对广大教职工关爱的重要体现。学校会在现有的资源和条件下，科学规划，细致研究，调研制定合理的解决方案，满足大家“吃出健康，吃出尊严”的诉求，保证教职工的生活质量，保证学校教学科研工作的正常进行和再创佳绩。

提案代表对学校召开的六届三次教代会代表提案落实沟通推进会表示充分肯定。认为学校教代会对代表的意见和建议是认真负责的，并以积极的态度推进落实；通过沟通，对学校和职能部门所做的工作有了充分的了解，更能理解一些工作的难处，为通力协作奠定了良好的基础。代表们还表示，将在最后一年的任期内，积极建言献策，为学校事业发展，为教职工幸福生活作出积极努力。

77. 教代会提案落实的监督检查工作包括哪些方面?

在整个提案的办理过程中，教代会提案委员会（工作小组）和工会应掌握提案处理的情况和工作进度，对于落实工作进展缓慢的提案，通常要组织开展一次中期监督检查，以督促责任部门重视提案落实工作。建立教代会代表巡视制度的单位，应将提案办理落实的情况纳入教代会代表巡视的重点内容。

在实践中，学校工会或教代会提案委员会（工作小组）要会同行政办公室每半年组织教代会代表对提案处理落实工作进行一次检查，协调解决提案处理工作中存在的问题。检查的方式一般为：到承办单位听取处理情况的汇报，听取提案人对提案处理工作的意见，调查了解处理落实情况，并就有关问题进行协调。将半年检查情况向教代会联席会议报告。有些学校还由行政办公室负责对处理工作缓慢的部门下发督办通知单，促进提案的落实进度。

具体来说，提案落实的监督检查工作包括以下几个方面：

（1）工会在年度总体工作安排中，对包括提案处理落实情况在内的学校民主管理工作统筹安排检查监督，促进工作的落实。

（2）提案委员会（工作小组）在工作计划中对提案处理落实情况进行具体的安排部署，在工会的协调帮助下，组织提案委员会（工作小组）成员和教代会代表对提案的处理落实情况进行监督检查。

（3）检查监督提案处理落实情况。检查有三种方式：一是提案委员会（工作小组）检查。提案委员会（工作小组）要随时了解与掌握提案处理落实的情况，制定检查的具体方案，安排对重点提案的检查，听取承办部门与提案人的意见，必要时到现场察看有关提案处理落实的具体情况。二是在工会的统筹安排下，组织提案委员会（工作小组）等专门委员会（工作小组），在教代会召开半年之后，统筹对教代会决议、提案处理落实等诸多事项一并进行检查，这种检查在实践中应用得比较多，主要是提高效率、降低成本、减少基层单位的负担。三是提案委员会（工作小组）通过电话了解、微信沟通、网上处理系统等形式，检查督促提案落实情况，协调解决提案处理工作中存在的问题。

（4）教代会闭会期间，在处理提案的过程中，提案人可通过电话、门户网站、微信等形式随时向承办单位（部门）、工会与提案委员会（工作小组）了解提案的落实情况，提出意见与建议。承办提案的单位（部门）也要及时将处理落实提案的情况，与提案人进行沟通。

（5）提案委员会（工作小组）或工会将检查提案处理落实的情况进行分析、总结、汇总，肯定成绩，同时指出存在的问题，提出意见与建议，形成报告，向教代会联席会议报告，向工会和党政领导汇报。

（6）由学校领导或者行政办公室根据校领导的意见，协调解决提案处理落实中存在的问题。

78. 如何做好教代会提案的答复与反馈工作？

立项的提案，不论是已落实的还是没有落实的，都要在规定的时间内向提案人反馈处理结果，并征求提案人和附议人的意见，做到案案有着落，件件有交代。承办单位（部门）要有书面答复意见，处理提案的答复意见，要及时交到提案委员会（工作小组）或工会。答复提案的相关要求：

（1）已经落实提案提出的建议，将落实结果回复提案人。

（2）认为提案合理可行或基本可行，但因目前某些条件限制或解决有一定的难度而暂时不能落实的，在答复中说明难点及解决措施。

（3）认为提案合理的，应予以认真研究。但由于解决难度较大、问题比较复杂、涉及部门较多、不能在短时间内拿出落实方案的，在答复中给出具体的研究计划和最终答复日期。

对涉及两个或两个以上单位或部门协同办理的提案，主办部门与协办部门之间应积极配合，共同协商解决。由两个以上部门共同答复的提案，可采取两种办法：一是各自解答涉及本部门的相关内容；二是部门之间一起协商研究后，由主办部门统一答复。

提案要答复处理好，关键在于需要引起承办单位或部门领导的重视。在具体工作中，需要把握好以下几点：一是要重视提案的答复工作，把该项工作列入本部门的议事日程。二是要明确提案工作的意义，认真负责地处理好每一件提案。三是要理解广大教职工对提案的期望，给提案人一个负责任的答复。四是提案答复时，用词要准确，建议采用："已建议""已考虑""已落实""已列入计划""已于×月实施"等用词。五是在提案的答复上要做到每案必答，不要简单从事，避免出现"见××号提案""同意领导意见""按××指示办理"等用词，并在分管校领导的批示下，予以进一步说明和具体解答。六是提案的处理要注重时效性。凡是有条件解决的一定要及时解决落实，不要拖延。七是因条件所限一时不能解决的，要列出规划，创造条件，逐步落实。八是确实无法解决的，要实事求是地说明理由，解释清楚，获得提案人的理解。

提案处理情况的反馈工作要求：

（1）提案委员会（工作小组）或工会在收到承办单位或部门处理意见后，及时向提案人进行反馈并附回执，听取提案人对提案办理情况的意见。

（2）提案人将反馈意见直接反映给提案委员会（工作小组）或工会，再由其转告承办单位或部门。

（3）由提案委员会（工作小组）或工会负责向下一次教代会报告提案处理结果。

在实践中，提案的答复工作可以分教代会召开期间和闭会期间两个阶段，召开教代会时，由学校行政领导向大会汇报处理上次会议提案的情况，以及处理本次会议提案的初步打算；提案委员会（工作小组）汇报本次会议提案的征集、审理情况，以及监督检查落实上次会议提案的情况，对受理部门提出表扬或批评。闭会期间的答复工作有多种形式：网络平台公布、受理部门直接同提案人见面、书面反馈提案人等。

也有学校是由受理部门直接答复提案人并向提案委员会（工作小组）或工会报告。对提案办理结果不满意的，教代会代表可以向工会或者有关部门提起申诉。

工作范例

以学生为本，充分发挥班主任在本科生教育中的作用

提案内容：在我校目前的本科生管理体系中，班主任与辅导员之间分工失衡，不仅难以发挥班主任的重要作用，还制约了本科生培养质量的提高。课程教学事务之外的日常管理，由班主任和辅导员共同承担。目前，每个本科生班级配备一名班主任，由教师兼任，每个年级配备一名专职辅导员。班主任负责学业规划辅导等工作，辅导员则负责思想政治、学业的事务管理、奖学金的评定、学生活动的组织管理等工作。

当前各学院本科生班级普遍较多，多数工科学院每个年级有十个班甚至更多。数量较大的本科生群体，需要在学业、思想和心理方面进行全面、深入、细致的工作。以班主任的专业知识背景、生活阅历，在正常的教学和科研任务之外，完全能够对一个班的学生进行有针对性的工作。但目前班主任的工作职责并不包含实质性管理工作，能够发挥的作用和影响非常有限，甚至于二年级以后老师和学生都觉得没什么见面的必要。相形之下，辅导员承担一个年级数百名学生的日常管理事务，工作量非常大，分配到每个学生的精力极其有限，很难充分了解每个学生的思想、学习、生活和社交状态，通常只能重点关注两端的学生。班主任与辅导员的这种分工模式，不仅难以满足本科生管理工作的实际需求，而且不能发挥班主任和辅导员的优势，不利于提高本科生的培养质量和培养学生对于学校的感情。

措施建议：一是调整本科生班主任与辅导员的分工，由班主任承担主要的学业事务管理、奖学金评定等务实工作以及需要专业背景的学业

咨询工作。辅导员则主要负责思想政治工作和学生活动的组织管理工作。

二是采取适当措施，要求和鼓励专任教师承担本科生班主任工作，如在年度考核、聘期考核中提出相应的要求。

该提案经院、校两级初审和提案工作委员会审核，最终予以立案，由学校学工处主办，人事处协办。接到提案后，两个单位分管分层牵头，立即开展承办工作，每次与提案人回复交流时，两个单位的主要领导均亲临会场，充分听取提案人建议。在反复沟通的基础上，学工处起草了《关于进一步加强和改进我校本科生教师班主任工作的指导意见》，从思想引领、学业指导、职业规划、事务管理、班级建设等方面进一步明确了教师班主任的工作职责。人事处经深入研究提案所诉，明确“学校制定《××大学关于进一步完善教师考核评价导向的若干意见》”“45岁以下青年教师申报高一级专业技术职务，须有担任一年辅导员或班主任工作经历并考核合格，2019年起执行”“将担任班主任或辅导员工作作为基本岗位职责，写进新进教师岗位目标任务”等回复意见。该提案的主办和协办的两个单位均获得提案人的满意评价，认为学工处的《指导意见》充分考虑了本提案的意见，人事处的回复很有针对性，对于班主任工作的要求已经体现在教师考核评价制度的要求中。现将承办单位针对该提案的回复及提案人对承办单位回复的反馈意见引用如下：

一、主办单位学工处对该提案的回复

为进一步明确教师班主任工作职责，建立辅导员与教师班主任协同育人的长效机制，学工处在《××大学本科生教师班主任工作暂行条例》的基础上，起草《关于进一步加强和改进我校本科生教师班主任工作的指导意见》，对教师班主任的工作职责明确如下：

1. 思想引领。坚持立德树人、思想育人，引导学生深入学习习近平总书记重要讲话精神和治国理政新理念新思想新战略。了解和掌握学生思想行为特点和思想政治状况，注重加强大学生爱国主义教育和理想信念教育，积极培育并弘扬社会主义核心价值观。

2. 学业指导。立足学生学业发展需求，开展专业引导、学业帮扶、学习能力提升等咨询辅导工作，注重因材施教与分类指导，引导学生了解学术前沿，参与学术研究、科技创新等活动，培养学生的创新精神和科研实践能力。

3. 职业规划。遵循学生的成长发展规律，为学生提供科学的职业生涯规划，帮助学生树立正确的成才目标和就业观念，引导学生坚持“四个服务”，到祖国最需要的地方建功立业。

4. 事务管理。组织开展新生入学的适应教育、安全教育、心理健康教育，指导班级评优与帮扶工作，引导学生创先争优、互帮互助。

5. 班级建设。以“思想进步、学风浓厚、团结和谐、人人成才”为目标，指导班级制定实施班级成长计划。定期组织召开主题班会、团会等班集体活动，增强学生的集体荣誉感和凝聚力，营造健康向上的班级氛围，积极争创优良学风班和优秀寝室等集体荣誉。

为激励专任教师担任班主任，我校文件中明确将教师班主任的工作经历及考核结果作为专任教师参评各级各类荣誉及奖项的参考条件。此外，学工处还提请人事处，将至少一年担任班主任工作经历并考核合格作为青年教师晋升高一级专业技术职务（职称）的必备条件。

（提案人对学工处提案办理意见的反馈意见为：《关于进一步加强和改进我校本科生教师班主任工作的指导意见》已经采纳了本提案的意见。建议进一步细化相关的制度设计，统筹推进，充分考虑推行过程中的困难和挑战，务求实效。）

二、协办单位人事处对该提案的回复

尊敬的××等代表：

您好！关于《以学生为本，充分发挥班主任在本科生教育中的作用》提案已收悉，感谢您提出的建议和措施。现对提案中的有关内容答复如下：

学校高度重视发挥人事人才政策的导向作用，鼓励广大教师积极投入育人工作。为全面贯彻落实中共中央、国务院印发的《关于加强和改进新形势下高校思想政治工作的意见》、中共中央印发的《关于深化人才发展体制机制改革的意见》和教育部印发的《关于深化高校教师考核评价制度改革的指导意见》等文件精神，学校特制定了《××大学关于进一步完善教师考核评价导向的若干意见》，其中“要求青年教师晋升高一级专业技术职务须有至少一年担任辅导员或班主任工作经历并考核合格”，并在2017年度的专业技术职务聘任工作中明确规定“45岁以下青年教师申报高一级专业技术职务，须有担任一年辅导员或班主任工作经历并考核合格，2019年起执行。在2017年、2018年空岗聘任工作中，对于满足该要求的申报人员，在同等条件下，院系可优先推荐”。同时，学校加强对新入职的青年教师投入育人工作的引导，将担任班主任或辅导员工作作为基本岗位职责，写进新进教师岗位目标任务中。未来我们也将进一步配合学工部门做好班主任的选拔使用工作，不断营造广大教师投入育人工作的浓厚氛围。

（提案人对人事处提案办理意见的反馈意见为：人事处的回复很有针对性，对于班主任工作的要求已经体现在教师考核评价的相关制度中。希望能够有效落实，并针对实际工作中出现的问题和典型进行总结，以完善和改进现有的工作。）

点评：该提案的提案人站在学校的大局出发，提出具有较强代表性和可操作性的建议，而且提案的调研比较充分，提案的落实与回复等环节规范，承办单位高度重视，主办单位与协办单位之间通力配合，抓好提案的落实。该提案为教代会代表如何撰写以及职能部门如何办理提案都树立了榜样。

79. 怎样撰写教代会提案工作报告?

凡是征集教代会提案的学校，在其提案处理完毕后，提案委员会（工作小组）或者学校工会对提案的落实情况要及时进行总结，形成书面报告，在教代会上向全体代表通报。提案工作报告的主要内容为：提案征集情况，提案处理情况（整理、分类、审查、立案）以及上次大会提案的检查督促和落实情况等。

从各学校的工作实践来看，提案工作报告有两种主要写法：一种是综合性的提案工作报告，具体内容分为两部分：一是上次教代会提案办理情况；二是本次教代会提案征集和立案情况。这种写法相当于年度教代会的提案工作总结报告。另一种是只对上一年度教代会提案的处理情况进行专项报告，而不包括本次教代会提案的征集工作情况。两种写法各有所长，各学校可以结合自身实际，选择某一种写法。提案报告属于专业性比较强的报告，在文字方面要以事实为依据，用数据说话，层次清晰、内容全面，尽量做到对教代会代表负责。

工作范例

教代会提案工作报告

各位代表：下午好！

我受第八届教代会提案工作委员会的委托，将八届二次教代会提案处理落实工作以及八届三次教代会筹备期间大会提案征集与审核立案情况向各位代表作简要的汇报，请予审议。

一、八届二次教代会提案处理落实情况

八届二次教代会提案征集期间，代表们共提交提案71件（含闭会期间提案1件），正式立案66件。截至本次大会召开，代表们对提案处理表示满意的有29件，占43.9%；基本满意的有14件，占21.2%；表示理解的有19件，占28.8%；不满意的有4件，占6%；满意和基本满意率达到65.2%。

提案工作的重点在落实。学校领导对提案工作非常重视，多次关心和督促落实提案的办理工作，提高提案的承办质量和提案工作机构的服务质量。教代会代表们在对提案办理落实情况表示肯定的同时，对需要改进的方面，也提出了中肯的意见和建议，履行了教代会代表的职责。

对提案承办落实结果进行督促检查是有效办理教代会提案的重要方面。截至××××年底，八届二次教代会的提案落实工作中，各承办单位对提案答复表示“已经落实”的有29件，占43.9%；“正在落实”的有23件，占34.8%；“暂缓落实”的有12件，占18.2%；“无法落实”的有2件，占3%。“已经落实”和“正在落实”的提案共52件，占78.8%，希望“正在落实”的提案能尽快落到实处。

职能部门是提案落实工作的决定因素。八届二次教代会期间，我校有19个部门涉及提案的办理工作。我校各职能部门按照学校分管领导批复的各项工作内容，积极落实提案，认真答复代表。尤其是资产管理与保障处处理提案数为16件，占全部提案的24.2%；人事处处理提案数为12件，占全部提案的18.2%；教务处处理提案数为9件，占全部提案的13.6%。八届二次教代会提案处理中，有10个部门满意率和基本满意率达到100%。

为鼓励先进，进一步调动广大代表运用提案履行民主监督、参政议政职能的积极性，不断提高提案质量，推进提案工作，第八届教代会提案工作委员会对八届二次教代会期间立案的66件提案进行了投票评选，评选出外国语学院××代表的《增加教学型职称系列、打通教学型教师发展途径，鼓励教师教学热情》等3件提案为八届二次教代会优秀提案。

二、八届三次教代会提案征集与审核立案情况

（一）提案征集

本次教代会代表重视源头参与，积极建言献策。提案内容涉及学校工作的方方面面，有改革的建议、发展的措施与教职工的建议和要求。尤其是随着高校各项改革的不断深化和岗位聘任制的实施，一些利益关系进行了调整，关心教职工生活、维护教职工切身利益的问题，备受代表们的关注。为了更好地做好此项工作，开学初，提案工作委员会向各位代表发出了《关于征集校八届三次教代会提案的通知》。截至××××年1月8日零时，提案工作委员会共收到大会提案44件。本次教代会提交提案最多的是人文学院，共10件提案；其次是法政学院和生环学院，各为7件提案。个人提交提案最多的是法政学院的×××、×××代表，人文学院的×××、×××等四位代表，各有3件提案。本次教代会提案附议人数达到529人次。本次教代会提案获得10人及以上附议的有25件；20人及以上附议的有9件；30人及以上附议的有1件。其中附议人数最多的提案是生环学院×××代表提交的《关于教职工每年定期的健康体检事项》和《关于提高教师餐厅饭菜与服务质量的提案》两个提案，附议代表分别为41人和25人。

（二）审核立案

提案的立案是一项严肃、慎重的工作，本次教代会共收到代表们提交的大会提案44件，按照《××大学教职工代表大会提案工作暂行规定》的立案要求，提案工作委员会于××××年1月12日召开会议，确定立案的提案为37件。根据《××大学教职工代表大会提案工作暂行规定》第三章第八条第二款的规定，提案工作委员会将4件提案作为一般性建议提交有关部门。

在正式立案的37件提案中有关校园建设与环境治理方面有13件，占35.14%；学校管理工作方面有7件，占18.92%；有关科研和后勤保障与生活福利方面有4件，各占10.81%；其他包括教学、学生培养、学科和人事管理等共13件，占35.14%。对正式立案的提案，我们将严格按照提案程序办理。

（三）处理落实

本次教代会正式立案的提案共37件。教代会提案一经立案，就具有效力。提案工作委员会将遵循《××大学教职工代表大会提案工作暂行规定》，严格按照程序落实处理、答复反馈。

第一，提案工作委员会对提案进行分类并呈送学校分管领导。由学校分管领导签署意见，并指定相关职能部门承办或协办。学校党政领导收到提案后，请在15个工作日内签署意见，交相关承办部门办理。

第二，提案办理要有承办单位、协办单位领导分管，专人负责。对涉及两个或两个以上单位协同办理的提案，承办单位与协办单位应积极配合，主动协商解决。

第三，承办单位在收到提案后两个月内，应向提案人作出“已经落实”“正在落实”“暂缓落实”“无法落实”的明确答复，并在收到提案后五个月内向提案工作委员会通报办理结果。

第四，提案工作委员会向提案人征询对提案处理的反馈意见。请各位代表密切关注提案承办单位对提案处理的答复，并请提案人在15个工作日内反馈对各自提案处理的意见。如提案人对提案处理不满意，提案工作委员会将转交承办单位再次处理。

第五，提案工作委员会负责检查、督促提案的落实工作，汇总落实情况和反馈意见，并向教代会作提案落实情况的报告。

在大会闭会期间，提案工作委员会将全力做好提案的处理落实工作，同时在大会闭会期间依旧接受代表提交的提案。希望各位代表继续参政议政，关心学校的发展和建设。提案工作委员会一定会努力做好这项工作，力争“一事一案”“一案一清”，给代表一个比较满意的回答。在此，对各位代表和各职能部门对提案工作的关心和支持，表示衷心的感谢。

以上是本次教代会提案工作委员会向全体代表作的提案工作报告。

谢谢大家！

80. 如何开展教代会提案的评选与表彰工作?

开展优秀提案的评选和表彰活动是增强教代会代表积极性、提出高质量提案的有效手段。学校工会应推动行政建立提案评先与表彰机制，激励代表和提案承办单位以强烈的责任心，以扎实深入的工作作风，在调查研究的基础上，提出高质量提案，尊重代表意见，认真落实办理提案。

学校工会应联合教代会提案委员会（工作小组）每年召开专题会议，对提案的内容、质量、可操作性、实施效果等方面进行一次综合评估，对先进单位和组织者的工作进行考核，并择优评选优秀提案、提案承办先进单位。为鼓励代表提出高质量的提案，代表团（组）组织好提案，承办单位办理好提案，应设立并组织评选优秀提案、提案承办先进单位和提案组织工作先进集体，并在教代会上进行表彰和奖励。要充分调动和激发教代会代表参与的积极性，不断提高提案质量。要调动和激发提案承办单位和代表团（组）的积极性，大家共同努力做好教代会提案工作，为学校建设、发展履职尽责、发挥作用。

（1）优秀提案的评选条件。选题立意高、视野宽，建议切实可行，产生明显效益和积极影响。具体条件为：①提案内容围绕学校改革、建设和发展的重大问题，以及教职工普遍关心的重点、热点、难点问题，对学校或部门工作起到有效的推动作用。②提案提出的问题和建议经过深入调查研究，实事求是，针对性强。提出的解决方案合情合理，具有可操作性。③提案书写规范、条理清晰，符合提案格式的基本要求。④提案在落实过程中，提案人积极参与、配合、推动。

（2）提案承办先进单位的评选条件。提案承办先进单位应高度重视承办工作，克服困难落实提案，明显促进学校工作的发展。具体条件为：①重视提案承办工作。在提案办理过程中，有专人负责，主动沟通协调，尊重提案人的权利，虚心听取提案人和代表团（组）的意见，不推诿，不拖延，积极创造条件落实。②提案办理认真负责，措施得力，讲求实效，答复意见有理有据，处理意见符合实际情况，处理落实工作卓有成效。③提案办理及相关材料上交及时，提案人的满意率高。④通过承办提案，促进了教代会与学校民主管理工作的发展，促进了本部门工作，提高了管理水平和教学科研质量。

（3）提案组织工作先进集体的评选条件。评选范围为代表团（组）和专门委员会（工作小组），其评选的条件为：①认真组织工会小组和教代会代表深入学习民主管理知识，鼓励、组织教代会代表进行调查研究，积极、规范撰写提案。②及时进行提案初审，协助提案人修改完善提案，及时递交给提案委员会（工作小组），不积压工作。③代表参与面广，参与撰写提案或参与附议代表人数占应到会代表三分之一以上。④组织递交的提案多、质量高。

学校工会联合教代会提案委员会（工作小组）负责组织评选优秀提案、提案承办先进单位、提案组织工作先进集体。提案评选表彰工作的一般程序是：提案委员会（工作小组）召开专题会议，研究优秀提案、提案承办先进单位的表彰建议名单，并形成书面稿提交大会；在教代会上，由工会主席或提案委员会（工作小组）负责人报告上次教代会提案工作情况，提出表彰建议；教代会审议通过《关于×届×次教代会提案工作的报告》后，下发《关于表彰×届×次教代会优秀提案和提案承办单位的决定》。

近年来，为引导督促各大学校更好地重视教代会提案工作，并提高教代会提案及其处理落实水平，许多省市的教育工会甚至地方总工会也开展了优秀提案的征集和评选工作。从 2019 年开始，中华全国总工会还在全国范围内开展了“聚合力、促发展”全国优秀职工代表提案征集推荐活动，每年精选出百佳优秀提案。

延伸阅读

××大学教代会先进提案工作评选表彰办法

教代会提案工作（以下简称提案工作）是推进高校民主政治建设的重要措施，是教职工参与学校民主管理、维护自身合法权益，为学校改革、稳定与发展建言献策的有效形式。为鼓励基层单位关心支持提案工作，加强对提案工作的组织领导，激励教代会代表提出高质量提案，促进提案承办单位认真落实提案，不断提高提案工作质量，特制定先进提案工作评选、表彰办法。

一、评选、表彰类别

先进提案工作评选、表彰类别为“优秀提案”“承办提案先进单位”“承办提案先进个人”“提案工作组织奖”四项。

二、评选条件

（一）“优秀提案”评选条件

1. 选题有代表性，紧紧围绕学校建设和发展的重大问题或教职工普遍关心的切身利益问题，具有全局性和前瞻性。

2. 经过深入调查研究，广泛征求教职工意见，所反映的问题能做到实事求是，真实可信。

3. 所提意见简明扼要，建议具体，措施具有科学性，并在学校职权范围内具有可行性。

4. 书写规范，字迹端正，条理清晰，一事一案，一案一表，使用统一印制的提案表。

5. 提案在落实过程中，提案人积极配合、参与，得到提案承办单位和提案工作委员会的肯定。

（二）“承办提案先进单位”评选条件

1. 尊重提案人参与学校工作民主管理、民主监督的权利，充分重视提案承办工作，不推诿，不拖延。

2. 提案答复认真负责，答复意见有理有据，实事求是，虚心听取提案人和群众意见，尽力做到让提案人满意。

3. 主动组织协调提案落实工作，措施得力，注重质量，效果明显。提案落实工作自觉接受教职工和舆论监督。

4. 通过承办提案促进本单位工作，提高科学管理水平，提高责任意识和创新能力。

（三）“承办提案先进个人”评选条件

1. 尊重提案人参与学校工作民主管理、民主监督的权利，充分重视提案承办工作，不推诿，不拖延。

2. 提案答复认真负责，答复意见有理有据，实事求是，虚心听取提案人和群众意见，尽力做到让提案人满意。

3. 主动组织协调提案落实工作，措施得力，注重质量，效果明显。提案落实工作自觉接受教职工和舆论监督。

4. 通过承办提案促进本单位工作，提高科学管理水平，提高责任意识和创新能力。

5. 在承办提案过程中，能同所管辖的部门和主管的单位共同认真研究，做到亲自与提案人或有关人员面对面进行交流，零距离听取意见，亲自回复意见，并积极督促有关部门落实。

（四）“提案工作组织奖”评选条件

1. 党政工领导高度重视提案工作，围绕教代会主题，组织教代会代表和教职工深入调查和研讨，积极开展撰写提案工作。

2. 坚持“质量数量”提案工作理念，提交的提案具有代表性、全局性、可行性和规范性。

3. 提交高质量提案数量较多，并有多件提案被评为“优秀提案”，或提交提案的数量名列基层工会前列，且有“优秀提案”。

三、评选、表彰办法

1. 教代会提案工作委员会深入调研，认真审阅提案和提案承办单位落实提案的相关材料，提出初评意见，报教代会执委会审批。

2. 根据每次教代会提案工作的实际情况确定评选比例和范围。

3. “优秀提案”“承办提案先进单位”“承办提案先进个人”每年评选一次；“提案工作组织奖”每届教代会评选一次。

4. 颁发“优秀提案”“承办提案先进单位”“承办提案先进个人”和“提案工作组织奖”证书和奖牌，给予适当物质奖励。评选结果通报全校，并在校内媒体进行宣传报道。

81. 教代会提案工作中的常见问题有哪些?

(1) 部分教代会提案质量不高。目前，提案质量不高是各学校普遍存在的问题，主要表现为“三多三少”，即反映微观事情多，考虑宏观事情少；站在局部立场提意见多，站在全局高度看问题少；知下情的多，知上情的少。此外，还或多或少地存在“乱、空、怠”现象。“乱”是指部分提案内容在语言文字的表述上思路欠清晰、逻辑较混乱，此类提案给职能部门在处理提案时增加难度，在一定程度上影响了提案办理、回复的效率；“空”是指部分提案所提问题太过宏观，建议笼统，可行性差，或缺乏可操作的具体措施；“怠”是指部分教代会代表在撰写提案时没有进行认真的调查研究，所提内容很空洞。

究其原因，这主要与教代会代表的重视度和知情程度有较大关系。一是与代表的重视程度有关。事实证明，代表能否敏锐地发现问题，并加以调查研究，弄清情况，归纳提炼，提出可行的方案，在很大程度上取决于代表的重视程度。二是由于代表所处环境和所从事工作等原因，多数代表掌握的信息资源有限，很难了解学校当前对某个问题已经解决到什么程度，或者哪些政策措施即将出台。三是有的提案是在参加教代会时临时提出，缺少深入的分析思考，影响了提案质量。

(2) 部分教代会提案的办理工作不够理想。主要是指提案办理工作存在进度慢、效果不佳等问题，通常与提案办理部门的重视程度和办理方法有关。一是个别承办单位在进行提案答复时，回避提案中的重点和难点问题，答复结果的分类界定不够清晰，提案办理的针对性不够强。例如，承办单位以“已列入计划”进行答复，但是无具体计划和时间方面的表述，就让许多代表搞不清楚，因而对该提案办理情况的满意度自然不会太高。二是个别承办部门办理提案进度缓慢，敷衍了事。主要原因在于：首先，个别承办单位在提案办理工作中重视程度不够，没有充分认识到提案办理工作的重要性，认为代表的提案内容平淡，没有多大价值，以致影响了提案办理工作的进展。其次，在提案办理工作中，解决问题的有效手段有待进一步完善。有些承办单位在提案办理方式方法上流于形式化，特别是遇到难题时，缺乏有效的解决手段，使问题久拖未决，影响了提案办理工作的效率。最后，各承办部门的密切配合意识有待进一步增强。部分教代会提案不是依靠某个职能部门就能解决的，需要协办单位配合主办单位共同推动落实。由于个别承办单位不积极沟通，工作中不进行协调配合，甚至互相推诿，影响了提案办理工作的实效性。

82. 如何提高教代会提案的质量？

（1）提高教代会代表参政议政的意识，加强宣传动员是提高教代会提案质量的首要环节。征集教代会提案，宣传工作至关重要。学校工会要通过各种渠道在教职工中进行广泛的宣传动员，要使教代会代表充分意识到，提案工作是广大教职工表达愿望、提出利益诉求的重要渠道，克服消极思想，摒弃“提案无用”的错误想法，尤其是要克服“提案与我无关”、是“空操心”的想法，使之能够将比较集中的意见和问题反映给本单位（部门）的教代会代表，由他们作为意见的传递人，按照提案的规范要求写出提案。只有宣传动员工作做到位，提案的质量、层次才能逐步提高，教职工的积极性和创造性才能有所体现。

（2）不断提高教代会代表撰写提案的水平是提高提案质量的先决条件。要引导代表选择职工群众所关心、有意见或反映强烈，而学校领导或有关部门还没有注意到或正在寻找解决办法的问题，特别要关注带有综合性、战略性、前瞻性的问题，并提出提案。要鼓励代表多做调查研究，不可道听途说，影响提案的严肃性。要倡导代表多做案头工作，注重提案内容思路清晰、文面工整，把教职工的意见按照规范要求写出提案，确保提案的可行性、严肃性。尤其是所提提案要力争做到“三有”：有情况、有分析、有措施建议。即反映问题应明确具体、言之有物、持之有据、针对性强，力戒抽象空洞、“有骨无肉”或“有肉无骨”；说理部分要事实清楚，论据充分；建议部分应有解决问题的具体办法和措施。

（3）搭建平台，让教代会代表知情明政，是提高提案质量的重要基础。知情明政就是把党和国家的大政方针、学校的重要事务等情况及时提供给教代会代表。只有积极为代表知情明政创造条件，提案质量才有可能提高。因此，必须积极公开学校内部的相关信息，充分利用各种宣传手段，让代表及时准确掌握了解学校现状和发展目标，只有这样才能让代表更广泛、更深入地了解学校所需。学校工会可以采取组织教代会代表学习培训、请学校相关职能部门通报包括工作取得的成绩和进展、存在的问题和困难，以及正在采取和将要采取的一些政策措施等情况，从而让代表了解的情况更全面、更准确。

（4）充分发挥教代会各专门委员会（工作小组）的作用，有利于提案质量的提高。教代会提案工作是学校工会一项十分重要的工作，它与工会的其他工作密不可分。一是通过归纳整理每年的教代会提案，可以看出教职工较为关心的热点、焦点问题。这些问题往往与教代会各专门委员会（工作小组）重点关注的问题有联系，各专门委员会（工作小组）应选择其中重要的问题，深入调查研究，不断丰富提案内容，使提案质量更高。二是教代会各专门委员会（工作小组）也可以将其通过调查形成的有深度、有代表性的热点问题作为提案提出，这样也能提高提案质量。

（5）抓好提案的审查把关，严格审查，慎重立案，是确保提案质量的重要环节。一定要按照提案的要求，按照能够促进学校发展、提高教学质量、加强学校管理、维护教职工合法权益等方面的要求作为立案标准，认真登记、仔细分类、精心核对，进行审查；要注重在与教代会代表积极沟通的基础上，将反映问题比较相近、情况比较相似的提案进行合理的整合归类，以便更加集中有效地反映问题、提出对策。此外，还要坚持提案宁缺毋滥的原则，严把提案质量关，慎重立案，如对建议笼统，无新招、无实招的提案，建议教代会代表进一步修改补充。

83. 如何提高教代会提案的办理质量？

提案质量和办理质量是提案工作中两个同等重要的环节，二者紧密联系，互相促进、互相影响。一份高质量提案的产生，需要提案人付出很大的努力，如果办理不认真，必然会挫伤提案人的积极性，长此以往，不仅提案质量会下降，数量也会减少。只有将提案真正办好，做到事事有着落、件件有回音，让提案人的劳动成果得到肯定，才能进一步激发教代会代表撰写提案的热情和激情，从而提高提案的质量和数量。教代会提案审查立项后，为提高提案办理质量，学校工会需要着力抓好以下几个方面的工作：

（1）争取党政支持。提案工作是一项政治性、政策性、全局性都很强的工作，要做好提案工作，必须积极争取学校党政领导的重视和支持。一是提请主管领导审阅批示重要提案，明确要求有关部门认真研究、予以解决，推动提案的采纳和落实。二是重点提案由分管领导领办、督办。分管部门就重点提案的处理建议形成议题呈报行政办公会议，促使提案涉及的问题得到科学地解决。

（2）注重整合资源。要充分发挥各职能部门的主动性和积极性，努力形成党组织协调、行政主抓、工会组织有专人负责、职能部门认真落实的局面。对涉及多个部门职能范围的提案，应适时召开提案工作推进会，促进提案的有效落实。在具体落实中，工会要主动过问提案办理进度，积极协调各部门的关系，主动向党委领导请示汇报，与行政领导沟通交换意见。

（3）及时做好提案转办工作。工会对审查立项的提案，应立即转交给办理部门，办理部门对交办的提案要抱着对教代会代表负责的态度，高度重视，专人负责。凡需几个部门共同办理的提案，可由主办部门牵头与协办部门协商处理，并要求办理部门收到提案后一个月内提出书面处理意见。

(4) 认真抓好承办落实工作。提案办理部门受理提案后，由部门主要负责人召集人员组织研究，落实方案，并确定该项提案责任人、具体措施、完成时间以及所需经费、人员安排等，使教代会提案事事有交代、件件有回音。凡是急需而又有条件使问题得以解决的提案，要集中力量在最短时间内给予落实。

(5) 加强跟踪督办。工会在办理部门承办的过程中，要不定期联系或主动上门联系提案人，及时了解和掌握提案办理情况，协调提案人和承办单位的关系，对有些提案要进行督办，提高提案办理的透明度。

(6) 组织代表定期视察。组织教代会代表定期对提案落实情况进行视察和检查，代表面要广，不仅要包括教代会代表中的领导干部，还要让更多来自一线的代表指出职能部门在提案处理过程中的不足，提出整改措施和建议，以此来提高教代会提案处理的质量和效率。

(7) 积极办理提案答复工作。要让代表满意，让职工群众感到教代会是教职工说话的地方，就必须在提案办理、提案答复方面做出成绩。各办理部门要积极负责提案办理，规范书面答复工作，送交提案人和同级教代会工作机构，对暂未落实的提案也要说明原因，由分管领导审定签发，在规定的时间内作出答复。对于一些热点、难点问题以及落实情况不满意的提案，工会应适时组织相关部门与提出提案的教代会代表召开座谈会，对存在的问题当面交换意见，以取得相对一致的认识和解决方式，从而提高代表对提案工作的满意度和积极性。

(8) 实施必要的激励机制。为提高代表的参政热情，增强提案办理部门的责任意识，进一步规范教代会的运作程序，有必要实施激励机制。如开展“优秀提案”“最佳提案”的评选，鼓励代表提出高质量的提案，有条件的学校可编印成册，下发各分工会、工会小组，同时对提案办理落实成效显著的部门一并奖励，以推动教代会提案工作顺利进行。

总之，提案质量和办理质量是提案工作的生命，学校工会要努力引导教代会代表撰写高质量的提案，督促有关职能部门认真办理好提案，真正使教代会提案工作成为促进学校发展与教职工权益维护的有力平台。

工作范例

【范例1】关于聚焦教育改革发展，统筹推进“智慧教室”建设的提案

提案内容：当前我国高等教育改革进入攻坚期和深水期，在规模结构、类型层次、对象群体、教学方式方法等方面都发生了深刻的变化。教室作为重要的教学场所，是教学中很重要的环节。为了营造更好的教学环境，学校已经开展了多区的教室升级改造，特别在未来的一年将对东校区的教室进行整体改造。通过调研我们发现，之前的一些教室改造后，还存在以下几个方面的问题：(1) 课桌椅的固定影响分组和讨论活动；(2) 单投影限制多媒体课件的多维度、交互呈现；(3) 学生反映桌椅不符合人体工学，长期坐舒适度较低，影响上课精神集中；(4) 有些智慧教室的投影对黑板会有较大遮挡，导致教师书写板书空间不够。还有些讲台和黑板之间的距离偏小影响老师上课；插座缺少的问题导致学生无法长时间使用电脑进行课程设计等。我们也对国外知名大学的教学环境进行了调研，发现他们设有专门的部门进行教学环境设计，通过对教学场所和环境进行数据分析、测试和收集反馈后，形成一个信息共享的平台。

因此，我们建议学校组织师生参与论证，围绕教、学、评等环节，将互联网、物联网、大数据、人工智能和多媒体等技术充分用于教学模式创新，构建以学习者为中心的新型学习空间。具体建议为：(1) 组织师生和教学技术支撑部门从教学需求出发，论证对现有教室改造方案，增设互动性强的多种智慧教室；(2) 对现有教学楼的环境进行整体优化，注重提升公共空间的文化氛围和环境品质；(3) 建立一套覆盖前期沟通、测试试用、实施部署、智能分析、线上共享的完整流程。

实施效果：这份提案共有附议人36名，引起了校领导的高度重视，经校提案工作委员会正式立案后，由教育技术中心主办、资产管理与实

验室处协办。承办单位正式收到该提案后，会同提案工作委员会马上与提案人、附议人召开工作会议，进一步了解调研内容和意见建议。随后，多次召开任课教师和教务老师座谈会，更广泛征求对教室改造意见和建议。教育技术中心共计汇总了前期27间教室改造后的师生意见，同教务处、研究生院、基建处、资实处等部门多次讨论，并将一些合理化建议加入正在进行的教学楼整体升级改造中。针对提案中希望提升教学楼公共空间品质，教育技术中心也与校宣传部合作设计公共教学楼楼宇文化建设方案。

学校针对已完成改造的27间教室，征求上课教师、同学使用意见，有效促进了教室改造的方案优化。这些教室改变空间布局，增加人均面积和座位舒适度，适用于课堂分组讨论互动；设备的升级更适用新型教学模式的应用，教师们也得到精准的专题培训，师生普遍反响较好。通过调研开发，新上线在线教学平台，配合智慧教室建设，打造“线上教学楼”，与实体教学楼形成对应，让课堂在线上实现延续到课前、课后，短时间内便有600多门课程开展应用。学校还将“远程交互”“无线投屏”“图像识别技术”等运用到教室改造中，从而进一步推动教学方法的变革，教学模式的创新，引领教育信息化的智能创新发展。

推荐理由： 学校的根本任务是人才培养，教学质量是学校生存之本，是学校的生命线。随着现代信息化教育的普及，只有将信息技术与教育教学深入融合，才能不断促进教学改革和创新发展，从而提升人才培养质量。该提案内容聚焦当前高等教育改革，紧紧围绕人才培养的中心任务和发展大局，贴近学校师生普遍关心的热点问题，充分反映了教职工和学生最关心的意愿诉求。该项提案得到了36位代表主动附议，具有较强的群众性、代表性。该提案针对智慧教室的改造，前期做了充分的调研工作，广泛征集了师生的集中意见，并参照了国外学校的一些优秀做法，实事求是、有理有据。根据调研内容提出的三点具体建议均有较强的针对性、可操作性，便于进一步组织和实施。智慧教室的建设也能够适应新时期网络技术的发展、学校管理和教学改革的需要。该提案瞄准未来智慧教室的发展，以需求和问题为导向，以未来为突破，将人与设备、教室之间互联互通，强化新型师生关系，具有一定的前瞻性。

【范例2】搭建青年（思政课）教师成长和发展的工作新平台

提案内容：育人之本，在于立德铸魂。我校在办校发展过程中高度重视思政课教师队伍培养，形成了青年教师占比过半、老中青三代教师传帮带的良好局面。2019 年 8 月，中共中央办公厅、国务院办公厅印发了《关于深化新时代学校思想政治理论课改革创新的若干意见》，强调要建设一支政治强、情怀深、思维新、视野广、自律严、人格正的思政课教师队伍，对新时期学校思政领域建设提出了全新的更高要求。为进一步落实中央有关精神，我们在深入调研的基础上，建议要切实提高思政课教师综合素质，促进青年思政课教师专业成长；改革创新思政课教师评价机制，加大思政课教师激励力度。同时，加强各部门通力协作，系统性创设青年思政课教师多元发展新平台，推动学校思想政治理论课质量和水平稳步提升，为培养德智体美劳全面发展的社会主义建设者和接班人作出新贡献。具体建议分三个阶段加以落实：

第一阶段：在切实提高思政课教师综合素质方面，搭建学校与高校对接的思政课教师研修基地，构建提升青年思政课教师专业功底的学术深造路径。

第二阶段：在切实改革思政课教师评价机制方面，针对学校已有的德育工作平台无法满足青年思政课教师全面成长需求的现状，在进一步拓宽德育工作新平台的基础上，建议学校积极向组织部门、团委等争取挂职锻炼机会，并在职称评定中，予以“从事德育、党建工作经历”的政策倾斜。

第三阶段：在加大思政课教师激励力度方面，为进一步增强思政课教师的职业认同感、荣誉感、责任感，建议区内注重表彰优秀思政课教师，对立场坚定、学养深厚、联系实际、成果突出的思政课教师优秀代表加大宣传力度，发挥示范引领作用。

实施效果：此提案被立项后，得到了学校领导的高度重视，并得到了相关部门的全力支持。学校先后建立与有关师范类高校马克思主义学院对接的思政课教师研修基地，聚焦思政中高考改革的专门性教育教学研修，让青年思政课教师参与高校思政课教师教研团队并参与相关课题研究；邀请市委党校专家学者进行系统性、针对性指导，开设“习近平新时代中国特色社会主义思想”专题指导与讲座，扎实推进青年思政课教师专业成长，全面提升青年思政课教师的理论功底与知识素养。学校拓宽现有德育平台，构建党支部、校办、大队部、学生发展处等思政课教师挂职锻炼岗位；现已与学校所属街道的居委会协商，搭建挂职居委会副书记等平台锻炼机会，所有青年思政课教师已有各类挂职经历，现有岗位已基本实现青年思政课教师“一专多能”职业发展需要。

学校所在学区也构建学区思政学科联合教研组，搭建学区思政学科师徒带教、教学评比等多样平台，并对学区内优秀思政课教师进行表彰。目前思政课教师的参与积极性明显提高，成效良好。接下来，学校将向区教育局等相关部门积极建言献策，进一步加大对优秀思政课教师的表彰激励力度，搭建多样区级平台，形成相应表彰与评价机制，充分发挥思政课教师优秀代表示范引领作用。

推荐理由：教师的成长、成才事关学校发展和学生的培养质量，该提案以青年（思政课）教师成长和发展作为切入点，提出了翔实的对策建议，可操作性强，以满足青年教师多样化职业发展需求。提案得到了学校和社会各方的高度重视，迅速落实相关措施建议，并推动多个部门协同配合，作用发挥明显。

84. 如何为教代会代表撰写提案创造有利条件?

目前，在各学校的教代会提案工作中，普遍存在教代会代表不愿提、不敢提和不会提的现象，在很大程度上影响了教代会提案的质量。对于这一问题的解决，关键是在选好教代会代表的基础上，学校工会还要积极创造条件，为教代会代表参与提案工作提供各种工作支持和便利条件。

（1）加强业务培训，提升代表工作水平与履职能力。针对部分教代会代表思想认识不足和专业知识不足的问题，学校工会要为教代会代表履职能力的提升提供相应的培训指导。

首先，增强教代会代表参与提案工作的责任意识。每届教代会的代表产生后，应对代表进行任前培训。在培训中需要特别强调，教代会代表参与教代会提案工作，这既是代表的权利，也是其义务。尤其要引导代表跳出个人利益、小团体利益的“圈子”，围绕学校当前中心工作以及广大教职工关心的热点、焦点问题进行选题，写出有情况、有分析、有建议的提案。

其次，加强对教代会代表的专题培训，切实提高代表的提案工作能力。在对代表做整体培训计划时，可以有针对性地安排“如何提高教代会提案质量”或“如何撰写教代会提案”的专题培训讲座，请民主管理工作专家为代表讲授相关知识。在内容上，要讲透提案有什么意义和作用、它的规范要求是什么，以及代表如何选题、如何进行调查分析、如何提炼观点、如何规范填写提案表等。

最后，探索提升教代会代表撰写提案能力的有效方式。条件允许，在培训中可以采用案例分享的培训方式，请优秀教代会代表和提出优秀提案的代表现身说法，分享自己的工作经验、感受与体会。请与会代表介绍各自的做法、体会以及工作中的困惑与思考。通过采取“代表沙龙”的方式进行交流研讨，彼此在交流与沟通中共同提高提案工作水平，促进整体工作的发展。

（2）加强组织协调，为教代会代表参与提案工作创造有利条件。首先，为代表提供选题参考。学校工会可以列出征集提案的参考课题，发给教代会代表参考，甚至指导帮助代表找准相关问题的切入口。其次，要为代表开展专题调研提供方便。要协助代表采取书面征求或召开座谈会等方式，广泛征求教职工的意见和建议，归纳整理，并分析问题症结，形成书面材料。此外，工会要督促学校行政实行校务公开，按照规定公开各类事项，以便代表能充分了解学校的实际情况，从而有针对性地提出提案。最后，工会要帮助指导代表完善提案、提高提案质量，并规范填写好提案登记表。必要时组织专业人员或协调有关职能部门帮助代表归纳、完善提案，提高提案的质量。

85. 如何建立健全教代会提案工作机制？

建章立制、完善提案工作机制，是提高教代会提案工作整体质量的必要条件。为保证提案质量的不断提高，学校工会要建立健全相关的规章制度，努力实现提案工作规范化、制度化。

（1）建立健全提案工作的规章制度，不断规范提案工作程序。要制定和实施教代会提案工作规则或实施办法，以及重点提案的确定和办理办法等制度文件。规范提案工作的审查、立案、执行、再审和反馈公布等各项处理程序，进一步提高教代会提案工作的管理水平。

（2）建立与提案工作相联系的教代会代表调研检查制度，努力提高教代会提案工作的质量。要紧紧围绕学校发展的中心工作，组织教代会代表精心选题，深入调查研究，提出切实可行的意见和建议。要将提案工作与激发职工群众智慧和创造性的合理化建议等活动结合起来，进一步发挥提案工作在改进学校管理、促进学校发展中的积极作用。

（3）探索提案工作的考评和激励制度。要建立健全提案工作考核机制，通过评选优秀提案等形式，引导教代会代表重视提案工作，提高代表对提案工作的认知度和参与度。要把提案办理工作纳入部门年度责任目标考核工作，并形成制度，联合开展提案办理年度考评工作，对提案办理工作的先进部门给予通报表彰，对办理工作不到位或敷衍了事的部门，给予通报批评。

工作范例

××大学教职工代表大会提案工作办法

第一章 总 则

第一条 教职工代表大会（以下简称教代会）提案是教代会代表行使参与学校民主管理和民主监督职能的重要形式，是促进学校内部管理体制改革和民主决策、科学决策的重要渠道，是激发教职工主人翁责任感，群策群力建设世界一流大学的重要途径。认真征集和督办提案是教代会的一项重要工作。根据《××大学教职工代表大会实施细则》，结合我校教代会提案工作实际情况，制定本办法。

第二条 教代会提案是教代会代表就学校的改革发展及教职工普遍关心的问题，在广泛征集教职工意见和调查研究的基础上，按照规定程序向教代会提出，经提案工作委员会审查立案后交承办单位办理的书面意见和建议。

第三条 教代会提案工作必须遵照党的路线、方针、政策和国家的法律、法规，围绕学校改革、发展、稳定和将我校建设成世界一流大学的奋斗目标，充分发扬民主，广开言路，反映广大教职工的意愿。

第二章 提案工作委员会

第四条 提案工作委员会是教代会设立的专门工作委员会。提案工作委员会在教代会常设主席团的领导下负责提案工作，由主任、副主任和委员若干人组成，其成员从教代会代表中产生，由大会筹备委员会和各代表团协商推荐，经大会主席团审议后，提交教代会表决通过。委员会实行常任制，任期与教代会届期相同，委员可以连选连任。

第五条 提案工作委员会的职责

（一）依照规定的程序，组织和征集提案。

（二）对收到的提案审查立案，并向学校提出承办单位建议方案。

（三）对提案的办理进行检查和督促，推动承办单位认真办理提案。根据实际需要，组织提案人与承办单位座谈或实地考察。对提案办理不符合要求的，及时商请承办单位重新办理。对提案办理不够认真的，向学校主管领导报告，督促承办单位加快处理或重新办理。

（四）对提案处理的情况进行满意度调查，并组织提案人与承办单位负责人进行沟通。

（五）向教代会报告提案的审查立案和办理情况等工作。

（六）组织评选“优秀提案”和“先进提案承办单位”。

第六条 提案工作委员会必须在每次代表大会召开之前举行全体会议，进行提案审查，研究提案办理情况，准备提案工作报告。

第三章　提案的提出

第七条 教代会代表应以认真负责的态度行使提案权，撰写提案前需进行广泛深入的调查研究，以保证提案质量，提案应该注重科学性和可行性。

第八条 提案可由正式代表提出，也可以以代表团或教代会专门委员会名义提出。

第九条 提案的基本要求

（一）提案应当坚持严肃性、科学性、可行性，围绕学校中心工作和教职工普遍关心的问题建言献策。

（二）提案须一事一案，实事求是，简明扼要，做到有案由、有分析、有具体的建议。

第十条 提案格式

（一）正式代表提出的提案，须由1位代表提出，2位（含）以上正式代表附议，且每位提案人、附议人都应在书面的提案表上亲笔签名。以代表团、教代会专门委员会名义提出的提案，须由团长或专门委员会主任签字。

（二）提案人可以提出提案类别和承办单位的意向。

（三）提案必须包括以下三部分：

1. 提案案名，即要求解决的问题题目。

2. 提案理由，即提案人应说明提出本案的原因、根据和情况分析，最好有可行性调查。

3. 整改建议，即提案人应提出解决问题的建议或措施。

（四）为保证提案质量，字迹应工整，符合规范，每个提案须同时递交纸质文本和电子文本。

第十一条 提案征集时间

（一）每年教代会召开前征集 1 次提案。

（二）提案征集的时间一般为教代会开幕前 1 个月至教代会闭幕后 1 个星期。

（三）超过截止日期收到的提案，作书面意见和建议处理。

第四章 提案的审核

第十二条 各代表团收到代表提案后，依据本办法第九条、第十条对提案进行预审查，然后送交提案工作委员会。

第十三条 提案工作委员会本着尊重和维护提案人民主权利、保证提案质量的原则，对收到的提案进行审查，符合本办法第三章规定的，予以立案。对不符合立案要求，但有参考价值的提案，作为“意见和建议”转送有关部门直接答复提案人。

第十四条 有下列情形之一的，不予立案：

（一）内容涉及国家机密。

（二）属于学术研讨。

（三）指名举报或揭发问题；涉及民事纠纷或进入刑事、行政诉讼以及仲裁程序。

（四）为代表个人或他人解决个别问题。

（五）内容空泛、建议笼统。

（六）学校职权范围之外。

（七）教代会规定职权范围之外。

第五章　提案的办理

第十五条　提案办理根据提案内容，归口办理，由校长或分管校长签署意见后交校长办公室负责转有关部门或单位办理。

第十六条　对涉及2个（含）以上单位协同办理的提案，主办单位和会办单位应当积极配合，主动协商解决。主办单位和会办单位意见不一致的，要协商一致后再答复提案人。审查意见指明分别办理的，由各有关承办单位分别答复提案人。

第十七条　提案承办单位收到提案后，应高度重视、认真研究代表提案，并在1个月内提出处理意见。如情况复杂不能在期限之内办理完毕的，可适当延期，但应在年内办复并向提案人说明情况。同时，还应当向提案工作委员会说明延期的原因和拟办日期。

第十八条　承办单位应当主动加强与提案人的沟通，共商解决问题的办法，并征询提案人对办理复文的意见。如提案人对办理结果不满意，承办单位应重新研究，作进一步的答复。

第十九条　在提案办理过程中，提案人可以通过提案工作委员会向承办单位了解有关提案办理情况，参与提案的办理，承办单位应积极配合。

第二十条　对提案复文的要求

（一）在复文上须注明“办理结果”，明确标明提案所提问题“已经解决”“基本解决”“正在解决”或“已列入计划准备解决”，提案所提问题因受目前条件限制或其他原因暂时不能解决的，标明“留作参考”或“不可行”。

（二）对办理结果列为“正在解决”“已列入计划准备解决”的提案，在办理结束后要进行再次答复，把跟踪办理情况向提案人作进一步说明。

（三）提案复文要按统一格式行文，一式二份，一份给提案人，一份抄送提案工作委员会。复文中要注明联系电话和联系人，并加盖复文单位公章。

第二十一条 提案工作委员会对提案中反映学校亟待解决、教职工普遍要求改进的问题，对推动学校工作有重要作用并具有较强可行性的提案，可以选作重点提案，进行重点办理。

第二十二条 对于重点提案，可以采用提案工作委员会、提案人、承办单位相结合的协商座谈、实地考察、专题调研、走访等方式，推动办理工作顺利进行，保证办理质量。对提案中当年不能解决的重要问题，要跟踪督办，促进落实。

第六章 评选与表彰

第二十三条 为鼓励教代会代表提出高质量的提案、承办单位认真办理提案，提案工作委员会根据实际情况，组织评选“优秀提案”和“先进承办单位”，并由学校给予表彰。

第二十四条 “优秀提案”一般应符合下列条件：

（一）选题好。提案内容紧紧围绕学校改革和发展中的重要问题、难点问题以及教职工普遍关心的热点问题等。

（二）立意高。提案在近期内虽难以实现，但富有改革创新意识，对学校今后建设与发展具有一定的意义，并被学校所重视。

（三）合规范。提案符合要求，做到一事一案，一案一表，案名、案由、建议等各项要素齐全，条理清晰。书写规范，打印或用档案墨水书写，字迹端正，纸质材料和电子文本齐全。

（四）可操作。提案经过深入调查研究，广泛征求教职工意见，所反映的问题真实可信，实事求是。提出的建议符合学校目前的经济状况和物质条件，措施具体，便于办理，具有可操作性。

（五）效果好。通过该提案的办理对推动学校改革发展、维护教职工权益、促进教职工队伍建设等方面起到积极作用。

第二十五条 “先进提案承办单位”一般应符合下列条件：

（一）尊重提案人对学校工作民主管理、民主监督的权利，充分重视提案承办工作，不推诿，不拖延。

（二）承办提案数量较多，办理提案措施得力，讲求实效，注重质量。

（三）在提案办理过程中，主动组织协调，虚心听取群众意见，自觉接受舆论监督。

（四）提案办理认真负责，答复意见有理有据，实事求是，提案人满意。

（五）对落实难度较大的提案，想方设法创造条件克服困难去落实。

（六）通过承办提案，促进学校与本单位工作，提高管理水平和服务质量。

第七章　附　　则

第二十六条　本办法由学校教代会负责制定和修订，经学校教代会通过后生效，由校工会负责解释。

第四章

教代会代表履职工作

86. 教代会代表的角色定位是什么?

（1）教职工的委托人。教代会是一项代议制民主制度，由全体教职工选出一部分代表参加。教职工在学校内的参政议政，行使民主管理权利，主要是通过他们选举的代表参与学校管理，在教代会和其他的民主管理活动中得到实现。从产生程序来看，教代会代表是由教职工直接选举产生，是受选区教职工委托参加教代会的。委托的背后是选区教职工对他的信任和期望，是教职工的代言人、教职工权益的代表者。因此，当选的教代会代表在参加教代会等民主管理活动的过程中，肩负着代表教职工行使民主管理权利的责任和义务，应代表全体教职工行使参与权利，反映利益诉求，这是全体教代会代表应尽的基本责任。

（2）学校管理者的参谋人。教代会是学校实行民主管理的基本形式，是收集民意、凝聚力量以及教职工参与决策管理的重要平台，对学校的改革和发展起着举足轻重的作用。教代会代表是推进学校民主管理的重要力量，不仅代表教职工的利益，也代表教职工的智慧，是教职工的代言人，学校决策、管理的参谋，也是学校发展的促进者。教代会代表应充分发挥“智囊团”作用，给学校领导在决策和管理上献忠言、出良策。因此，教代会代表应该清醒地认识到自己所肩负的神圣职责和光荣使命，要围绕学校改革发展的难点问题出谋划策，围绕教学、科研、管理的焦点问题集思广益，从提高参与决策管理的能力入手，切实履行职责，真正发挥教代会促进学校和教职工共同发展的作用。

（3）学校领导和教职工之间的桥梁。由于教代会代表是代表选区教职工参与学校管理，他们一头连接选区教职工，另一头连接学校领导，因而在教职工和学校领导之间还担任了中介人的角色，起着上传下达的连接作用。一方面，教代会代表要切实做到下情上报，要如实地把教职工的意见和要求，通过各种民主管理渠道，及时向学校工会和有关部门汇报，反映到有关领导、有关部门和教代会有关文件决议中去。另一方面，教代会代表还要把教代会的决议决定宣传贯彻到教职工中去，努力做学校发展规划、规章制度、年度计划的“宣传员”，对教职工不清楚的问题做好解释工作。在日常工作中，教代会代表要以自己的实际行动和影响，带动教职工贯彻落实教代会的决议和决定。教代会代表要切实发挥好这种桥梁纽带作用，对选举自己的教职工负责，充分表达和维护教职工的合法权益以及学校的整体利益，努力做学校管理者与教职工利益协调的“润滑剂”，成为学校发展的“助推器”，使上下一心，协力奋进，共促发展。

87. 教代会代表有哪些权利和义务?

教代会代表要履行自己的职责，发挥应有的作用，必须给予相应的权利，明确应尽的义务，这是教代会代表行使民主管理权利的重要依据。教代会代表应该知晓自己依法享有的权利和应尽的义务，这有利于增强代表履职的意识。

(1) 教代会代表的权利。教代会代表是由选区教职工按照民主程序选举产生的，负有代表选举单位全体教职工参与学校民主管理、行使民主管理权利的重要责任和使命。为保证教代会代表发挥作用，必须赋予其相应的权利。

根据《学校教职工代表大会规定》第十三条规定，教职工代表大会代表享有以下权利：①在教职工代表大会上享有选举权、被选举权和表决权；②在教职工代表大会上充分发表意见和建议；③提出提案并对提案办理情况进行询问和监督；④就学校工作向学校领导和学校有关机构反映教职工的意见和要求；⑤因履行职责受到压制、阻挠或者打击报复时，向有关部门提出申诉和控告。

(2) 教代会代表的义务。教代会代表的义务是指代表按法律法规应尽的责任，这是当好代表的基础。教代会代表必须严格要求自己，知晓对代表的基本要求，在推进学校民主管理中积极发挥作用。

根据《学校教职工代表大会规定》第十四条规定，教职工代表大会代表应当履行下列义务：①努力学习并认真执行党的路线方针政策、国家的法律法规、党和国家关于教育改革发展的方针政策，不断提高思想政治素质和参与民主管理的能力；②积极参加教职工代表大会的活动，认真宣传、贯彻教职工代表大会决议，完成教职工代表大会交给的任务；③办事公正，为人正派，密切联系职工群众，如实反映群众的意见和要求；④及时向本部门教职工通报参加教职工代表大会活动和履行职责的情况，接受评议监督；⑤自觉遵守学校的规章制度和职业道德，提高业务水平，做好本职工作。

（3）正确处理权利和义务之间的关系。教代会代表的权利与义务是紧密相连的，相互依存，不可分割。具体来说，教代会代表的权利和义务具有以下三个基本特性：

一是代表的权利和义务具有严肃性。教代会代表的权利和义务是国家法律、法规和相关制度规定的，它体现了职工群众在学校中的地位和作用。代表的权利和义务同教代会的职权密切相关。教代会代表必须在法律、法规和制度规定的范围内进行活动，任何人都不能限制教代会代表依法行使权利和义务。对教代会代表行使权利、履行义务进行阻挠、打击、报复的，均属违法行为。

二是代表的权利和义务具有现实性。教代会代表的权利和义务是从学校管理的现实情况出发，以学校民主管理的实践为依据制定的，具有现实可行性。教代会代表应认真行使自己的权利，履行应尽的义务，保障职工群众的合法权益，并调动、保护和发挥好广大教职工的积极性，促进学校发展的需要。

三是代表的权利和义务具有对等性。教代会代表所享有的权利与应履行的义务是辩证统一的两个方面，没有无义务的权利，也没有无权利的义务。代表应全面真实地反映和代表职工群众的意愿，既是行使的权利，也是应尽的义务。只强调教代会代表的义务而不保障其权利的正常行使，或者只强调权利而不承担应尽的义务，这两种倾向都是不可取的。只有把行使权利和履行义务两者统一起来，既享有权利又履行义务，才能更好地发挥代表应有的作用。

88. 教代会代表有哪些具体工作职责?

教代会代表的主要职责是代表和反映教职工的意见和要求，一般是通过参加教代会和日常的民主管理活动来履行职责。具体来说，这主要体现在以下几个方面：

（1）要密切联系群众，经常征求和注意收集教职工的意见和要求，并能及时向学校领导、工会和有关机构正确反映教职工的呼声和要求。

（2）要收集教职工的意见，发动教职工就学校教育、教学和管理等方面多提提案，提好提案，促进学校和教职工利益的共同发展与保障。

（3）积极参加教代会及闭会期间的各项活动，认真代表教职工参与巡视检查工作，发现问题，及时对学校领导进行民主质询。

（4）认真学习党和国家的方针、政策、法律、法规，自觉履行教代会的各项决定、决议的落实，不但要做好本职工作，更要做教职工的楷模。

教代会代表是否认真履行了应尽的职责，作用发挥得怎样，对能否开好教代会、发挥教代会制度实效、搞好学校民主管理有着直接的影响。

89. 教代会代表应履行的工作原则有哪些?

（1）实事求是。教代会代表在参加学校民主管理的各项活动中，要牢记自己是职工群众的代表，是在代表职工群众行使民主管理的权利，自己的一言一行要对职工群众负责，不能以个人意见和见解来代替职工群众的意见。因此，要如实地、全面地表达和反映职工群众的意见和要求，坚持以事实为依据来说话。在表决时，以自己所代表的选区教职工多数人的意见为准，不要盲目随波逐流，也不要害怕别人议论，而要敢于表达自己的意见。在宣传教代会的决定和精神时，要如实地传达教代会的决议和决定，力求做到传达不走样，不遗漏主要精神。要正确认识个人意见、部门意见与教代会决定的关系，注意不能因为个人意见、部门意见没有被采纳，就进行片面的宣传和解释。

（2）勇于代言。教代会代表作为职工群众的代言人，在参加各项活动时，要对职工群众负责，要敢于表达和反映职工群众的意见和要求。在重大原则问题上要出以公心，敢于坚持真理，坚持正义，敢于代表群众说话，不怕打击报复，不怕挫折，不计较个人得失。特别是在遇到学校改革发展过程中制定涉及教职工切身利益的重大事项时，要反映职工群众的真实想法和诉求，及时把职工群众的意见、愿望和诉求传达给学校领导和有关部门，充分发挥教代会代表在关键时刻的重要作用。

（3）联系职工。教代会代表来自职工群众，其履行各项职责的最终目的是为职工群众服务的。因而教代会代表必须密切联系他所代表的职工群众，听取他们的意见、集中他们的智慧、反映他们的要求，并努力使职工群众的正确意见能够为单位所接受。教代会代表必须取得选区教职工的信任和支持，从职工群众中得到智慧和力量，这是教代会代表保持其代表性和群众性的基础。如果脱离选区教职工，听不到职工群众的呼声，不掌握真实的情况，就不可能发挥代表应有的作用。

（4）讲求方法。教代会代表一头连着教职工，另一头连着学校领导。教代会代表掌握和运用正确的工作方法是做好参政议政工作的重要前提。教代会代表要在参与学校决策和管理中发挥更大的作用，就必须注意工作方法，全面周到地考虑问题。一要正确把握工作的轻重缓急，注意处理好眼前利益和长远发展的关系。既要注意解决职工群众的生活福利问题，也要注意解决学校的发展问题。教职工的生活福利问题固然不容忽视，但是不能只注意这一个方面，而要以更多的精力来思考、研究学校的教学、科研和管理方面存在的问题，要善于找出教育和管理中的薄弱环节，积极提出建议加以解决，毕竟学校的良好发展是职工群众利益的根本保障。二要注意变被动参与为主动参与。教代会代表的高度负责精神，充分体现在代表的自觉性和主动性上。教代会代表不是行政职务，没有太多的个人利益，更多地体现为为职工群众服务，因此，养成自觉主动的服务精神更加可贵。教代会代表要在参加学校各项民主管理活动中勤于动脑，注意观察，积极主动地发表意见、提出建议。三要注意调查研究。教代会代表在参与管理的过程中，要使自己的意见、建议能够“参”到点子上，得到认可和采纳，必须对所反映问题的实际情况有全面的、正确的认识，能够抓住问题要害并提出科学的解决办法。要做到这一点，就必须深入调查研究，尽可能地全面了解情况，并对了解和掌握的情况，认真进行深入的分析思考，从而作出正确的判断，这样反映问题才能有理有据。

（5）服从大局。作为教职工代表，首先要以国家利益为重，局部利益服从全局利益，在学校内部，也有局部利益与全局利益的矛盾。每个教代会代表是由各选区教职工选举出来的，当然要如实反映和代表本选区教职工的意见。但教代会作出决议以后，不论是否符合本选区教职工的意愿和要求，都应积极拥护和认真贯彻执行，不能采取任何消极态度，这是作为教代会代表必须具备的品质和必须遵守的纪律。

此外，由于教代会代表的活动必须按照教代会的统一部署、确定的规范和程序进行，为此教代会代表就应努力做到：妥善安排好自己的工作，尽量做到在参加大会期间，工作不受影响；要了解掌握教代会行使各项职权的程序、规范，以便正确、有效地行使职权；树立整体观念，加强组织纪律性，不能因为某个程序与己无关或不感兴趣而中断参加活动。

90. 教代会代表的主要活动方式有哪些？

教代会代表是教代会的参与主体，教代会职权的行使主要是通过教代会代表的活动来实现的，教代会作用的发挥有赖于所有代表的积极参与。教代会代表通过参加教代会和其他各项民主管理活动来行使权利，履行义务，发挥代表的作用。教代会和其他各项民主管理活动是按照一定的程序进行的，教代会代表必须熟悉这些程序，并依照程序和有关规定，参加民主管理活动。

（1）会前活动。在教代会召开之前，教代会代表应做好必要的准备工作。一是熟悉材料。认真阅读提前发给代表的学校工作报告（讨论稿）和各项拟审议讨论方案（草案）等有关文件，了解和掌握大会中心议题。这要求代表不只是参加会议，还要事先知晓会议的主要内容。二是调查研究。围绕中心议题，广泛听取周围职工群众对工作报告（讨论稿）和各项议案（草稿）等文件的意见和建议，并加以综合整理。通常需要每名代表从职工群众中征集几条有关教育、教学和管理等方面的意见和建议来参加教代会。三是反映意见。将综合整理好的意见和建议，以口头或书面的形式反映给所在代表团（组）。四是提出提案。在征集职工群众意见的基础上，有针对性地提出教代会提案。

（2）会中活动。在教代会会议期间，代表应认真参加的主要工作包括：根据通知要求，做好准备，按时参加教代会的预备会议和正式会议；参加预备会议，听取并审议教代会主席团名单、大会秘书长名单、代表资格审查小组（委员会）关于代表资格的审查报告（指换届大会）、大会议程和其他需要确认的事项；认真听取学校领导在教代会上所作的工作报告、方案及其说明；做好讨论发言的准备，有条件的最好写出发言提纲；积极参加对工作报告和各项议案的讨论，在讨论会上要畅所欲言，充分发表意见；根据大会议程，经过充分思考，认真行使表决权和选举权。参加选举划票时，如感到不方便，可以要求大会提供互相回避的条件。

（3）会后活动。教代会结束以后，教代会代表应积极宣传贯彻大会的各项决议、决定，做好有关工作。一是向所在单位汇报、宣传教代会所通过的决议或作出的决定，对职工群众不清楚的问题做好解释工作。二是收集周围职工群众对教代会通过的各项决议、决定的意见，向所在代表团（组）反映。三是以实际行动影响和带动周围职工群众贯彻落实教代会的决议和决定，并起表率作用。教代会代表在贯彻执行教代会决议时，要学会把党和国家的方针政策，同职工群众的意见要求结合起来，使教代会的各项决议、决定的贯彻落实既符合党和国家的方针政策，又切合学校的实际，符合广大教职工的要求。

此外，在教代会闭会期间，教代会代表应积极参加所在单位的日常民主管理活动，发挥好代表的作用。这是代表在教代会中发挥作用的继续和深入，是以贯彻落实教代会决议、决定为主要内容开展的。一是根据教代会通过的工作目标，积极组织和带动周围职工群众开展合理化建议活动、教学竞赛等活动。二是带领教职工积极贯彻和落实教代会通过的各项决议（如学校改革方案的执行、各项规章制度的执行等）；及时反映学校管理中出现的问题和决议执行中出现的新情况，敦促有关部门纠正和解决。三是参加代表团（组）组织的代表视察活动，积极提出问题，对重要问题要做好记录。四是参加教代会有关专门委员会（工作小组）组织的民主质询、民主对话及其他活动。五是参加教代会决议贯彻落实情况的检查监督工作。六是在学校二级单位的民主管理中发挥骨干作用。

91. 教代会代表的履职途径有哪些？

教代会制度不仅是指学校召开的教代会会议，还包括与会议相关的一系列制度设计，如教代会联席会议、执委会会议、教代会专门委员会（工作小组）、日常民主管理等。因此，教代会代表的履职途径或渠道也就不仅是参加教代会会议，还包括教代会组织的各项活动，如开展调查研究、提案、巡视检查等。

（1）参加教代会专门委员会（工作小组）工作。教代会专门委员会（工作小组）是为教代会依法行使职权的专门工作机构，是加强教代会会议与日常民主管理活动之间内在联系的重要工作载体。教代会专门委员会（工作小组）的设立，有利于引导和帮助教代会代表更好地履行职责，有利于提升教代会运作质量，有利于推动各项日常民主活动的开展更具针对性、有效性。

在具体操作中，学校通常都根据教代会组织运作需要以及单位规模和客观实际，设立了若干个专门委员会（工作小组）。如一些规模较大的高校，建立了教代会规章制度委员会（工作小组）、生活福利委员会（工作小组）、民主评议委员会（工作小组）、提案委员会（工作小组）等机构。而对于规模较小、人数较少的中小学校，通常只建立一个综合性的民主管理委员会（工作小组），履行教代会各专门委员会（工作小组）的职能。此外，一些学校还根据工作需要，设立一些临时性的专门委员会（工作小组），待承担的特定工作结束后予以撤销。这些教代会专门委员会（工作小组）由教代会审议设置，每年活动的情况形成工作报告，向教代会报告。

教代会专门委员会（工作小组）成员通常由教代会民主选举产生，主要由教代会代表组成。实践中，为了加强教代会专门委员会（工作小组）中相关专业人员的力量，不少学校的教代会专门委员会（工作小组）均吸纳了熟悉相关业务的非教代会代表参加，但专门委员会（工作小组）负责人由教代会代表担任。而且在不少学校中，相关职能部门的负责人一般不担任对口专门委员会（工作小组）的负责人，以确保教代会专门委员会（工作小组）的民主监督作用落到实处。参加教代会专门委员会（工作小组）的教代会代表，应努力提升个人素质和业务能力，配合其他成员，积极履行好专门委员会（工作小组）的职责，为教代会的有效运行奠定坚实基础。

（2）参加教代会提案工作。教代会提案工作是教代会代表行使民主权利、参与学校管理的一种重要方式。它开通了教代会代表参与管理的渠道，是代表履行职责最直接、最有效的方式。通过这个渠道，教代会代表可以充分发挥聪明才智，极大地开发其创新、创造潜能，为学校发展出谋划策。同时，提案工作也可以充分调动教代会代表关心学校发展、参与管理的积极性和创造性，为教职工反映意见、改进管理、促进和谐提供了重要平台。

（3）参加教代会巡视工作。在教代会闭会期间，教代会代表对教代会决议、决定及提案贯彻落实情况进行定期或不定期的监督检查，是教代会的一项重要制度，也是教代会代表行使民主管理权利的一种重要方式。教代会巡视检查活动一般是在学校工会的带头组织下，以教代会专门委员会（工作小组）成员为主，根据巡视检查内容需要，吸收有专长的教代会代表参加。巡视检查的内容主要是围绕教代会决议、决定的执行情况和提案的处理情况进行，同时也包括学校教育管理中的重点和职工群众最为关心的热点问题。

（4）参加教代会评估工作。教代会评估制度是诊断教代会运行质量、促进教代会制度建设和发挥教代会实效的一项重要制度。评估方式主要包括组织教代会代表民主测评、召开教代会代表座谈会、开展个别访谈等。有些学校还邀请了部分职工群众参加座谈或测评。教代会代表在参加教代会评估工作的有关活动时，要本着实事求是和稳步推进教代会制度作用发挥的原则，认真分析学校教代会的实际情况，提出切实可行的参考意见，推动学校教代会制度建设不断健全完善。

（5）参加日常民主管理活动。学校除了依法建立健全教代会制度之外，还可根据学校实际，建立健全民主恳谈会、双月沟通会、校情发布会、校长（院长）联系信箱等日常民主管理形式，就学校管理方面存在的缺陷、规章制度执行中的问题、教代会决定决议履行过程中出现的新情况新问题，及时进行联系和沟通，在学校内部形成互相尊重、互相信任、良性互动、共谋发展的民主管理氛围。

因此，教代会代表参与学校管理的途径，除了参加教代会会议和教代会组织的各类活动外，还可通过参加各种座谈会、沟通会、质询会等形式了解学校发展要求，反映职工群众诉求，以及组织选区教职工围绕学校管理和发展建言献策，提出合理化建议。教代会代表参加的这些日常民主管理活动具有分散、小型、多样的特点，它是在工会的组织下开展，而不是把全体教代会代表组织在一起进行。为此，教代会代表应从实际出发，采取多种方式，广泛联系群众，收集和反映教职工的意见和建议，充分发挥个人的主观能动性，协助工会组织搞好活动，并协助学校领导解决好问题。

92. 教代会代表如何行使审议权？

审议权是指行为主体对有关事项提出意见或者建议的权利。教代会代表行使审议权是指代表在教代会上，对学校管理重大决策和有关审议事项，进行详细认真的讨论，提出意见和建议，并在此基础上，教代会就有关方案的实施作出决议。教代会代表用好这项权利具有重要意义，它不仅关系到学校教职工的切身利益，而且还关系到学校管理重大决策的科学化和民主化，使各项决策措施的实施更具有群众基础。

根据《学校教职工代表大会规定》第七条第一款规定，教职工代表大会行使审议权，包括听取学校章程草案的制定和修订情况报告，提出修改意见和建议；听取学校发展规划、教职工队伍建设、教育教学改革、校园建设以及其他重大改革和重大问题解决方案的报告，提出意见和建议；听取学校年度工作、财务工作、工会工作报告以及其他专项工作报告，提出意见和建议；审议学校上一届（次）教职工代表大会提案的办理情况报告；等等。

听取和审议各项报告是教代会代表在教代会上的重要工作，是代表行使权力、履行职责、参与学校管理的重要方法和手段。教代会代表审议学校管理重大决策的方式，就是围绕学校管理中需要解决的重大问题，发挥聪明才智，献计献策。

（1）会前审议。这是指学校管理重大决策方案经班子成员讨论后，可在教代会召开前一周，把相关方案发给全体教代会代表，以使每一位代表有充足的时间去征求职工群众的意见和进行充分的思考。同时还可通过提前召开教代会预备会议或代表团（组）长会议等形式，先由学校行政领导作重大决策的报告，详细介绍涉及决策方案的有关情况，然后听取教代会代表的意见。涉及学校管理的专项重大决策，应由教代会的有关专门委员会（工作小组）进行专题审议。

(2) 会上审议。这是指在教代会会议期间，由学校领导作报告，介绍制定决策的依据和采纳教代会代表的意见和建议的情况，然后由各代表团（组）组织代表进行讨论，提出进一步修改的意见和建议，最后作出相应决议。

教代会代表在行使审议权时，要以高度负责的态度对待所审议的各项方案，努力做到：①熟悉方案的内容；②事先征求选区教职工的意见；③根据多数选区教职工的意见，形成对方案的判断意见；④在教代会相应会议上充分表达看法。

93. 教代会代表如何行使表决权？

表决权是指对需要讨论通过的事项用举手、投票等方式作出决定的权利。表决权是职工民主管理的重要形式，通过行使表决权，集中多数代表的意志，并形成决议，共同决定涉及教职工切身利益的重大事项。具体来说，教代会代表的表决权是指其在教代会上，对提交教代会讨论通过的有关事项，通过一定的表决形式，可以投赞成票、反对票或弃权票。

根据《学校教职工代表大会规定》第七条第一款第四项规定，教职工代表大会讨论通过学校提出的与教职工利益直接相关的福利、校内分配实施方案以及相应的教职工聘任、考核、奖惩办法。这些事项都是与教职工切身利益紧密相关的问题。

教代会代表在行使表决权时，需要注意以下几点：

(1) 要认真审议需教代会表决的事项。由于教代会上表决的事项通常都是涉及教职工切身利益的重大事项，这些事项表决是我国法律法规赋予教代会的权利，是法定程序。因此，教代会代表应对提交教代会表决的这些事项进行认真的审议。要仔细审查学校制定的这些方案草案中的具体内容是否符合国家和地方的法律法规及有关政策，不能与之相抵触；要审查这些方案草案的内容是否充分体现了大多数教职工的意愿和要求，或者尊重和接受了多数教职工的意见，不能是学校行政方迫使教职工接受的单边条件。当然，教代会代表在审查这些方案草案时，也要正确对待和处理各种利益关系，要把教职工的合理要求与学校实际的承受能力结合起来，努力实现双赢。

（2）教代会代表在决定投票意见时，一定要遵照选区教职工多数人的意见，而不应仅仅根据代表个人或选区教职工中少数人的意见进行表决。尽管每个教职工都有自己的看法或意见，教代会代表作为学校的一员，在参与学校民主管理中也完全可以有自己的利益主张和利益诉求。但作为教代会代表，在投票时应当尊重和代表选区教职工的整体利益行使代表权利，绝不能把自己的利益主张和利益诉求凌驾于选区教职工的整体利益之上。

（3）投过反对票的教代会代表，要理性看待教代会的表决结果可能与自己的意愿不一致的问题。通常来说，教代会代表在教代会上对有关方案或所作的决议、决定投反对票，作为代表表达选区多数教职工的意愿，是充分行使民主权利的表现，是正常的、合法的。但是，表决结果如大多数教代会代表的意见与自己不一致时，可保留个人或选区教职工的看法，却仍需要执行大多数教代会代表通过的方案或决议、决定。这是因为，我国的民主制度实行的是民主集中制和少数服从多数的原则，在这个制度下，作为教代会代表享有充分的民主权利，可以按照自己所代表选区多数教职工的意愿，投上庄严的一票。每名代表的义务都是按照少数服从多数的原则，执行代表多数人意愿的决议、决定，不能因为自己的观点与多数人的观点不一致就我行我素。

94. 教代会代表如何行使评议监督权?

评议监督学校领导干部是教代会的一项重要内容，也是教代会的一项重要职权。与此同时，经教代会审议通过以及经教代会决定的事项，其落实情况应由学校或工会向教代会报告，接受教代会的审查、监督。因此，评议监督权包含对学校领导干部的民主评议和对学校教代会通过事项的落实情况进行审查、监督两个方面，这一权利是由教代会代表直接行使的。

根据《学校教职工代表大会规定》第七条第一款第六项和第七项规定，教职工代表大会应按照有关工作规定和安排评议学校领导干部；通过多种方式对学校工作提出意见和建议，监督学校章程、规章制度和决策的落实，提出整改意见和建议。

在工作实践中，评议监督权的重点是对学校领导干部的民主评议。教代会的民主评议权主要是指教代会代表依法对学校领导干部进行民主评议和民主测评并知晓其结果的权利。教代会代表行使好评议监督权，有利于学校建立和强化自我约束机制，有利于学校领导干部改进工作，有利于调动学校领导干部的积极性，使其对教育主管部门负责与对教职工负责统一起来。

教代会代表用好评议监督权，主要是对他们的德、能、勤、绩进行全面评议，并恰当地提出奖惩建议。当然，教代会代表对学校领导干部的评议，还要考虑到学校不同岗位领导人员的不同特点。如对学校行政领导人员，可着重评议民主决策、管理能力和工作实绩；对党组织负责人，要着重评议在学校党的建设、精神文明建设等方面的成效和工作实绩，尤其是参与学校重大问题决策，发挥党组织政治核心作用，围绕学校教育教学管理加强职工思想政治工作的情况。

教代会代表对学校领导干部的评议是在学校党组织的统一领导下，在学校工会和教代会专门委员会（工作小组）的具体组织下实施的，其一般程序和方法是：①做好被评议领导人员的思想发动工作；②参加教代会，听取民主评议对象的述职；③对述职的领导人员进行认真评议；④采用无记名方式对述职的学校领导干部进行民主测评，参加测评的教代会代表必须超过应到会人数的三分之二；⑤由教代会民主评议委员会（工作小组）负责汇总、整理教代会代表的评议意见以及对领导干部的奖惩任免建议，统计测评结果，形成书面材料报送教代会主席团；⑥评议结果经主席团同意后，报送有关组织人事部门，作为依照权限对学校领导干部任免和奖惩的重要依据，并向教代会代表和被评议的学校领导干部反馈。

教代会代表对学校领导干部的评议，是学校内部的一项干部和群众普遍关心的工作，并且直接影响到干部和群众的积极性。因此，教代会代表必须审慎用好评议监督和奖惩建议权，为此要着重把握好以下几点：①教代会代表要认真学习、理解和掌握党的路线、方针、政策，国家的有关法律法规，并结合学校实际情况，正确恰当地把握干部评价标准。②客观公正，这是对教代会代表行使评议监督权的基本要求。教代会代表要从关心、爱护、帮助学校领导干部的角度出发，坚持一分为二、实事求是、出以公心、与人为善的原则，真实地反映领导干部的优点和缺点，全面、客观、公正地评价领导干部的功过，保障被评议人的民主权利和正当权益，对涉及被评议领导干部个人的某些重要问题，要认真调查核实，不得随意扩散。在评议中，不能在评议学校领导干部中掺杂个人恩怨，打击报复，栽赃陷害。要让评议工作切实起到监督领导、提醒领导、提高领导者领导能力的作用。③教代会代表对被评议领导干部提出的奖惩建议必须谨慎。把评议监督与提出奖惩建议相结合，使教代会代表的评议监督活动更具有权威性，更能取得成效。但是对学校领导干部的奖惩建议是关系到一个干部政治前途的大事，政策性强，影响面大。因此，每一位教代会代表都必须慎重对待，要本着客观公正、认真负责的原则，恰当地提出奖惩建议。

95. 教代会代表如何开展民主质询工作?

教代会代表的民主质询权是教代会代表监督学校执行教代会决议、决定以及教代会提案落实的有关情况，针对学校中存在的问题要求有关负责人予以说明的权利。民主质询不同于一般的民主对话或咨询，它要求被质询的领导干部必须就所提问题给予回答，因而带有一定的强制性，在实质上仍然是一种民主监督形式。民主质询的内容，一般是广大教职工普遍关注的学校重大问题，如教代会通过的决议和提案落实情况、学校重大决策及其实施情况、教职工关注的某一阶段或某项工作及出现的问题等。

教代会代表民主质询权的正确行使，对于教代会决议的落实，解决学校管理中存在的突出问题，发挥教代会代表的监督作用具有重要的意义。它的好处在于通过质询的形式，可以沟通情况、消除误会、密切干群关系，同时也可以帮助学校领导克服缺点、改正错误、改善管理。

民主质询的活动方式，通常有会议质询、书面质询和现场质询三种。会议质询是根据质询问题和被质询对象，召开有关的质询会议，由教代会代表当面质询，有关领导当场解答。书面质询是教代会代表通过工会或教代会，以书面的形式，对有关问题向有关方面提出质询。被质询的领导，采用书面或其他方式答复说明。现场质询是教代会代表到发生问题的现场，向有关领导提出质询，有关领导现场答复说明。

民主质询的程序一般是：①由教代会代表提出质询要求（教代会开会期间向主席团提出，闭会期间向工会提出）；②教代会主席团或工会确认质询有无必要，认为有必要的质询，由教代会主席团或工会同被质询人员协商确定质询的时间、地点、方式和参与人员，并且把上述事项提前通知教代会代表和有关人员；③按协商的时间、地点和方式进行民主质询；④教代会专门委员会（工作小组）或工会将质询结果整理成纪要，发给学校领导和有关部门，并督促行政有关部门解决质询的问题，并同时向提出质询的教代会代表通报情况。

由于民主质询的目的主要是沟通信息、解决问题、改进工作，因此作为教代会代表，在民主质询过程中，要抱着实事求是、坦诚相见的态度，切忌把质询变成责难。作为被质询的学校有关领导，要认真对待代表提出的问题和意见，虚心接受批评，努力改进工作。在各学校的工作实践中，以民主质询会的形式进行的较多。民主质询会由工会主持，教代会代表在民主质询活动中要注意出以公心，与人为善，热情帮助对话人讲清问题，有些问题一时讲不清楚，应允许再做准备，认识有差距，允许保留意见。总之，教代会代表要心平气和，讲究语言文明，保持对话的良好秩序和氛围，对于对话的结果，要通过一定的方式向其他代表和职工群众传达。

96. 教代会代表撰写提案应遵循哪些基本原则?

（1）宏观性原则。教代会代表撰写提案时，要站在学校发展的高度，有整体性视角，看学校未来发展的前景，想教职工利益实现的实事，议共建共赢共享的大事，而不应该是个人的私事或少数人、某个群体的诉求。

（2）前瞻性原则。提案既要谋划职工群众的眼前利益，也要筹划学校和教职工的长远利益，要用超前的眼光看学校未来的发展。要跳出一时一地的局限，以宽广的眼界审时度势，谋全局、想实事、办好事。

（3）代表性原则。充分的代表性是一份优秀提案的重要标志。在工作中需要解决的问题很多，因受各方面的因素所限，不可能一次性全都被解决，所以教代会代表提出的提案要选择影响学校发展的重点问题和职工群众普遍关心的热点和难点问题。

（4）准确性原则。提案所反映的问题必须事实准确、数据可靠、客观公正。提案中列出的数据和情况必须有根有据，切不可道听途说。教代会代表要客观地反映问题，必须深入一线获得准确翔实的材料和数据，要把握好尺度，对事实的评价要有分寸，不主观片面夸大事实和影响。

（5）可行性原则。提案中的措施建议和解决办法要结合单位的实际状况，量力而行，特别是一些建议性项目，必须是学校有条件或创造条件能解决的问题。如果缺乏可行性，提案既无法办理更无法落实，起不到提案本身应有的作用。

（6）规范性原则。一份完整的提案包括案名、理由、整改办法或措施、提案人及附议人、提案日期等基本要素。代表在撰写提案时，格式要符合规范要求，做到一事一案、一案一表、内容完整、要素齐全，并在规定的时间内提交，符合规定的程序。

97. 教代会代表如何做好教代会提案工作?

（1）选好主题。教代会代表要写出一份好的教代会提案，前提是要有个好的选题。选题通常有三种方式：一是自上而下式。这主要是指从学校要求或倡导做的工作方面选题。二是自下而上式。即从身边职工群众关心的热点问题入手，加以提炼。三是横向移植式。即借鉴其他单位好的经验，而本校又可以参照推行的做法。教代会代表选题时应注意以下几个方面：

一是围绕中心工作，反映大事。要围绕学校的中心工作及重大问题，职工群众普遍关心、重视、有意见或反映强烈而学校还未注意到的问题，或学校正急于寻找出路和办法的问题，而不是仅局限在一些细枝末节的问题上或反映鸡毛蒜皮的小事上。

二是结合本职工作。提案最好在自己熟悉的领域去选题，可重点结合自己的专业或所从事的工作岗位，查找工作中存在的问题，并提出相应的建议。不熟悉的领域不是不可以提，但有一定的难度或局限。只有选择那些自己熟悉的、信息资料数据相对完备的题目内容，并结合自己的切身体会来写，才能撰写出具有较高质量的提案。

三是找准切入点。在选题过程中，既要找重心，又要善于发现“薄弱点”。对有些需要多部门统一协调解决、政策落实还没有完全到位，以及职工群众反映强烈需要立即解决的问题，要从宏观方面着眼，从微观方面入手，选好角度，找准切入点，进行认真研究、找出原因、提出建议。

（2）开展调查研究。一项好的提案往往来自大量的调查研究，具有翔实的数据、大量的说理和好的举措建议。因此，做好提案的调研工作，是保证提案质量的关键。教代会代表要采用合适的方法来了解情况、把握问题。提案是要提出问题并解决问题的，提案产生过程中的调查研究有别于一般的调查研究，其特点是针对性强。只有深入调查研究，掌握第一手资料，才能使提案言之有据、客观真实、言之有理。

在选好提案的题目后，教代会代表要深入实际进行调研，从中掌握第一手资料。同时，要尽可能多角度多途径去收集与选题相关的内容与信息，进行分类整理。调研中要注重全面了解情况，既要了解好的一面，也要了解差的一面；既要同有关部门了解问题，也要倾听教职工的意见和要求，有时候还要注意倾听专家的意见，才能更好地把握材料的准确性，得出的结论才能经得起推敲。

（3）集思广益深入分析。教代会代表在参与提案工作时一定要善于听取各方面的意见和建议，避免片面性，特别要避免闭门造车，否则写出来的提案很难体现客观实际和教职工意愿。与此同时，还要有团队精神，一定要杜绝个人主义。提案人和附议人要通力合作，发挥集体的智慧和力量，针对选题进行深入的分析思考，提出切实可行的解决办法。

一份好的提案必须做到有情况、有分析、有具体的建议。选题和调查分析是提案的基础，提案质量能不能上一个层次关键还要看对策和建议写得怎么样，它是整个提案的点睛之处，集中反映提案的目的、愿望和要求。要提出有可操作性的对策建议，需要提案人和附议人共同讨论，发挥集体智慧和力量。一般来说，经过认真调研和反复思考后提出的提案，其建议部分通常针对性强，便于承办单位操作。但是，如果提案人对自己的建议、要求表述不清或不够明确、含含糊糊，或要求不够合理、可行性差，必将造成承办单位难以办理，也无法有针对性地作出答复，即使论据充分，也势必降低提案的价值，很难收到预期效果。

98. 教代会代表如何撰写教育管理类的提案?

提案大致可以分为四类：教育管理类、生活保障类、教育培训文化类和职业安全健康类。本书将依次介绍教代会代表如何撰写不同类型的提案。

教育管理类的提案涉及的内容很广，通常包括学校的发展规划、学科建设、改善管理、教学质量提升以及考核奖惩等方面。毫无疑问，这些内容都是学校工作的重中之重，也是学校领导关注的重点，他们希望教代会代表在撰写提案时，多围绕这些主题进行选题，提出好的建议，为学校的发展贡献职工群众的智慧和力量。从教职工主人翁地位的角度来讲，学校与教职工是教育共同体，教代会代表也应就教育管理类的事项多撰写提案，从而为学校的发展积极献计献策。

教代会代表要撰写优秀的管理类提案，需要注意以下几点：一是要具备相应的管理知识，能说到点子上；二是要了解学校的发展规划和年度工作重点，尤其是在当前工作中碰到的难点和瓶颈问题，避免无的放矢；三是要有创新意识，所提建议视野要开阔、措施要具体，不能泛泛而提，尤其是所提的方案、措施相对于学校原有的管理水平、服务质量等方面要有所改进、完善和提高；四是措施要有可行性，即提案所提的方案、措施在实践中可以实施、操作，并具有解决问题的具体办法；五是具有效益性，所提建议的项目在采纳实施后，能为学校带来经济效益或社会效益。这就要求代表在撰写提案时，尽可能把相关因素考虑齐全，如建议内容、实施方案、预计效益或效果等。

工作范例

【范例1】构建合理的专利转让机制，实现综合利益最大化

案由：近年来学校非常重视科研创新，科研成果层出不穷，专利拥有量逐年增加，学校在成果转化方面积极探索。但目前学校仍有大量的专利成果没有转化，甚至有一些专利被闲置，处于休眠、浪费的状态，有些老师因为缴纳不起专利维护费而不得不放弃专利，而大量的企业急需引入科技创新成果进行发展。

建议措施：建议学校尽快构建合理的专利转让机制，将高校科技成果转化绩效纳入“双一流”建设考核评价体系，调动各方积极性，加强专利转化的专业队伍建设、组建专业团队来做这项工作，进一步提升学校自主创新能力，在更好地为地方经济建设服务的同时，也为学校带来更多实实在在的利益。

学校高度重视并积极推动该提案的落实，在政策方面给予大力的激励与扶持，先后出台了一系列有关促进专利成果等知识产权转化的管理办法与激励政策，将科技成果转化纳入绩效，率先在全省高校中单列“应聘成果转化与技术推广职称系列”，为鼓励学生利用学校知识产权开展“三创”活动，专门制定了相应的优惠措施，着力加强管理服务机构建设与专业团队建设。此外，提案的落实极大地促进了专利实施转化。当年通过专利转让或实施许可方式进行转化的项目数达到35项，超过前三年专利转化总和，合同金额较上一年增长了2.65倍，创造了巨大的经济效益和社会效益。

【范例2】学校STEM+课程开发与实施的建议

案由： 今日世界之复杂、变化之迅猛，已远远超出我们的想象，不确定性成了未来时代的主要特征。为此，我们开始思考，到底什么样的教育才是应对未来时代需要的？我们应该有什么样的课程、什么样的课堂，才能让我们的孩子能够很好地应对未来的不确定？

STEM教育正是在这样一种时代背景下应运而生的。STEM从最开始关注科学、技术、工程、数学领域的融合教育，到关注凌驾于学科之上的学生未来职业和终身学习所需要的能力与素质的培养，给当前的教育提供了一个全新的育人视角。

建议措施： 通过对学校现有课程的进一步梳理及分析，在新一轮课改的指导下，围绕基础性课程的校本化实施，基于系统化思维，整体设计和构建STEM+课程总体框架，以课程为载体，满足学生"完整且多元"发展的需要。

1. 打破学科界限，构建STEM+特色校本课程的总体框架。结合学校的校情及现有的课程基础，结合学生的学习需求和教师的专业特长，开展学校现有课程的梳理及诊断，构建STEM+课程总体框架，树立学校新的课程观及课程素养。

2. 深化教学改革，优化教学方式，推动STEM教育在基础性课程的有效渗透。STEM+课程的建设，是基于基础性课程的校本化研究，与基础性课程是高度融合的，这是STEM+课程体系最核心的含义。学校在这一项目的探究中，可以不断深化及落实基础性课程的校本研究，在校本化的基础上，延伸及拓展更多跨学科课程或教学活动。

3. 打造"STEM学习体验中心"，为课程的实施提供良好的空间保障。学校根据新的课程框架及课程落实的需要，可以整体打造"STEM学习体验中心"，让学生在这里探究科技世界的奥秘，发展对科技创新的兴趣，体验科技世界的奇妙。

99. 教代会代表如何撰写生活保障类的提案?

生活保障类的提案通常包括教职工的生活福利、后勤保障等内容。如关于增加体检项目的建议；定期开展职工疗休养活动的建议；为困难教职工解决子女入托问题的建议；开展“体验快乐、由我做厨”的厨艺大比拼活动的建议；等等。

生活保障类的提案事关职工群众的民生问题。这类提案往往占据许多单位教代会提案的较大比重。教代会代表要注意把握以下几点：一是要了解国家福利政策方面的相关规定和制度要求；二是要切实了解教职工的现实需求和有关呼声；三是所提建议要符合学校的现实情况，而不是随意提要求。

100. 教代会代表如何撰写教育培训文化类的提案?

教育培训文化类的提案包括教职工学历与素质提升、人才队伍建设和校园文化建设方面的内容。如建议推行新进人员培养导师制，加强专业人才的培养；完善人才成长通道及其配套机制；大力开展岗位练兵和教学技能竞赛；加强校园文化与教职工文化建设等。

教代会代表要写好这方面的提案，需要考虑以下问题：一是熟悉国家和上级主管部门关于教职工素质提升与教育培训方面的相关规定要求，及时掌握动态信息；二是要结合学校的实际情况，选择相应的进修和培训项目提出建议，培训的对象要明确，内容要有针对性；三是提出的措施要有指向性，不能大而笼统，要能够落实。

工作范例

关于建立校级教学名师示范性授课机制的提案

案由：随着高等教育的发展需求，学校对于师资队伍的人才引进工作越来越重视，青年教师的引进人数增加很快。大批青年博士进入高校成为高校教学的主力军。但是很多高学历的青年博士并非师范类高校毕业，走上讲台时缺乏相应的教学经验，“授课能力不强，教学手段单一”是影响教学效果的主要问题。为充分重视本科教学工作，重视师资队伍建设，如何提升高校青年教师教学能力已成亟待解决的关键问题。

建议措施：1. 充分利用学校现有的“教学能手”，建立校级教学名师示范性授课机制。每学期在青年教师中定期或不定期组织开展“教学名师示范性授课”活动，组织青年教师观摩学习，让学校的教学名师发挥应有的示范作用。

2. 学校教务处或人事处建立各级各类教学竞赛获奖人员信息库。让教学名师的资源得以共享，为“校级教学名师示范性授课活动”所用。

3. 学校每两年定期举行一次青年教师讲课大赛，提升学校青年教师的教学能力，对获奖的青年教师在职称晋升中给予优先权。

4. 为鼓励带教老师更关心青年教师在教学中的进步，对在“讲课大赛”中获奖的青年教师的带教老师也要奖励，营造人人重视本科教学工作的良好氛围。

101. 教代会代表如何撰写职业安全健康类的提案？

职业安全健康类的提案主要包括安全教育、劳动保护与职业病防护等内容。撰写好这类提案，教代会代表要具备一定的专业知识，比如对法律法规和相关规定的了解，对在学校安全教育、劳动保护工作中存在的问题进行细致观察，对教职工在工作生活中需要解决的实际问题的分析等。

具体来说，教代会代表需要把握以下几点：一是掌握安全教育、劳动保护方面的法律法规和学校的安全教育、劳动保护制度，用以对照发现工作中需要改进的问题；二是所提的建议和措施要有利于改进学校的安全教育和劳动保护情况，具有可操作性；三是要与合理化建议结合在一起，有经济效益或社会效益的评估。

工作范例

关于建立全校师生实验室环境健康与安全教育常态化体系的提案

案由：实验室安全关系到实验操作人员人身健康和生命安全以及环境保护等方面，尤其是近年来全国多所高校发生了实验室安全事故，造成了很不好的社会影响。因此，如何加强高校实验室的管理，受到普遍的关注和重视。我校的实验室同样存在很多安全隐患，比如师生的安全防患意识弱，相关安全制度不够完善，尤其是目前实验室的安全教育主要是由各学院实验室（中心）自行组织进行，师生多是在第一次进入实验室操作之前接受安全教育，这样并不能满足实际安全需要。必须引起学校相关部门的高度重视，切实完善安全方面的教育管理。

建议措施：1. 成立校园实验环境健康与安全主管部门，为全校师生提供有关实验环境健康和安全法规咨询。

2. 强调健康和安全的个人主体性，为师生提供实验室环境、实验操作等标准程序建议和培训，通过制度手段确保师生遵守并保持操作规范。

具体如下：针对不同学科和不同实验室的需求，制定多种安全培训“课程套餐”，包括基本的和有针对性的安全及环境保护规范（如生物、化学、新材料、机械加工等各有不同）内容，明确实施细则和标准，多途径强制开展基本安全教育，提升使用者自我约束力和处置能力。利用信息管理系统推行安全教育常态化工作，例如对接相关部门的业务信息系统，实现安全培训预约、考勤、考核等管理功能，强制新入校师生在规定时间内完成安全教育课程，且以后每年至少进行1次在线自学强化，并将学习情况与实验室管理（门禁）系统关联，学习不合格者无法顺利进行实验等。

102. 教代会代表如何规范撰写教代会提案?

（1）提案撰写的步骤。提案的撰写是对在调查中收集到的资料进行综合分析，以发现问题、提出建议、解决问题的过程。

一是梳理调查资料。翻阅调查资料主要是用来梳理、分析、归纳调查情况，明确问题，并对调查材料进行去粗存精、去伪存真的筛选，为提案的撰写做好充分准备。

二是酝酿提案思路。平时在调查中积累的情况有很多，不可能事无巨细、一一反映，要围绕主要问题形成撰写提案的思路和提案的结构，也就是提案的框架，有哪些问题、观点，要采用哪些调查资料去说明、充实等。

三是列出提纲。把酝酿成熟的思路、结构用文字书写出来，一份好的提纲，能使撰写者把握提案结构的全局，层次清楚、重点明确、简明扼要、一目了然。通常在写完提纲后，先不急于书写成稿，而是要保障有较充足的时间仔细琢磨这个提纲是否合适和完整。

四是撰写草案。当提纲相对成熟以后，便可以正式撰写。提案草案的撰写要注意充分运用调研所收集到的资料，并结合自己的体会和分析，紧扣案由，围绕提纲来展开。

五是反复修改。初稿完成后，还要经过反复修改，才能最终定稿。提案的修改要着重注意观点是否正确、材料是否准确、结构是否合理、文字是否流畅，尤其是建议是否可行。

（2）提案的结构和写作方法。一条完整的提案应包括案名、理由、整改办法或措施，提案人及附议人、提案日期等基本要素。主体部分的写作主要包括以下几项内容：

一是案名部分。案名是指提案的题目，要求提案人直接点明提案的核心内容，用简明的文字说明提案要解决什么问题。案名和提案内容要一致，且短小精悍，并具有概括性，通常在20个字以内。案名的写法是“关于××的提案”“关于××的建议”“建议××”。

二是理由部分。这是指事由及政策依据。它是提案的核心部分，要有情况、有分析，实事求是、简明扼要，切忌笼统、空泛。常见的结构形式有：纵式结构，即按事情产生、发展变化的过程来写。这一写法的好处是时间顺序清楚，给人印象深刻。横式结构，即按事物的几个方面写，便于从不同的角度反映事情的真实情况；或者用对照比较的方法来写，不仅说服力强，而且印象深刻。横式结构的写法通常适用于涉及面广、情节比较复杂的调查报告。在提案中，反映情况不要用“听说”“据反映”等不确定的词语，提建议也不要用“希望”，而直接用“建议”，以表明自己明确的态度。人名、地名、数字、单位名称等都要准确并符合标准规范。

三是建议部分。即针对案由反映的问题，提出解决问题的方法。提案的宗旨是需要代表抱着主人翁的态度发现问题、提出对策，为学校领导改进管理或者解决教职工关心的热点、难点问题出谋划策。教代会代表在正式撰写提案时，要做到观点鲜明、清楚明白，不能含糊。语言用词要准确、表意要清楚，并把握好分寸。

（3）提案的规范要求。一份规范的提案应该符合几个方面的要求：一是要素完备，符合要求；二是内容真实，完整准确；三是语言恰当，言简意赅；四是格式规范，一案一表。

撰写提案是一项严肃的工作。教代会代表在撰写提案时，要有高度的责任心，不仅要把选区和周边职工群众的意见建议收集、归纳、整理好，还要把有关情况核对清楚，认真做好调查研究。要一事一案，切忌在一个提案表上出现几件事情，不仅问题讲不清，也无法确定承办单位。在内容上，提案要体现系统性、完整性的见解，切不可只讲问题、现象、表现，不讲对策、措施和建议。

103. 教代会代表如何撰写高质量的教代会提案?

高质量提案的共同特点是选题立意高、口子小，给人耳目一新的感觉并且建议具体、可行。为此，教代会代表应了解学校的发展目标和工作实际，选题应尽可能围绕学校的重大决策部署和年度重点任务目标来思考，对策建议要有利于学校实现近期的发展任务。在有了大致思路或者形成初稿以后，教代会代表需要静下心来，对提案反复推敲打磨，努力做到以下几点：

（1）撰写要有新意。写提案是为了帮助学校正确决策、改进工作，提供有价值的建议和意见。因此，提案撰写要尽可能有新意。对于相同的主题，要从新的角度去阐述，运用各种生动、有说服力的新材料和典型案例，增加提案内容的感染力。

（2）说理分析要深刻。提案只有提得到位，写得深刻，有内容、有高度，才能发人深思，给人启迪，才能对实际工作起到指导和推动作用。因此，提案要尽可能地展开来写，由表及里、由近及远、充分说理，才能引起领导的重视，并加以落实解决。

（3）建议要具体。撰写提案一定要注意对策建议部分。因为对策建议是提案的关键，集中反映提案的目的，也反映提案人献计献策的水平。提案中的建议部分一定要有可操作性，不能只有看法没有办法，或者办法很笼统。提案人一定要在建议部分多下功夫，把自己置于承办单位的位置认真思考，力求意见建议具体、办法措施可行。

工作范例

建议实施班级垃圾分类积分奖励制度

案由：在学校的整体教育体系中，帮助学生树立良好的环保意识并养成良好的生活习惯是学生综合素质教育的重要内容之一。《S市生活垃圾管理条例》已经颁布实施。我校的大部分教师办公室设在学生日常上课的教室里，因此以班级为单位的垃圾分类管理能够有效地提升学校垃圾分类成效。学校人员活动最多的地方是教室，加强班级垃圾分类管理能够尽快推动垃圾分类这项工作的落实。

建议措施：将垃圾分类培养成一种习惯，学校以班级为单位，从源头抓起，让老师和每个孩子都增强垃圾分类的意识，在行动中有所体现。具体措施建议如下：

1. 每班设有一名环保员，主要负责垃圾分类知识的宣传及指导工作。班级定时定点投放垃圾，由环保员组成的环保小队轮流负责垃圾清倒的记录。

2. 对正确实施分类的班级进行加分。每周学校“卫生流动红旗”的发放与班级垃圾分类的情况相挂钩。将垃圾分类积分纳入班级行为规范的积分。为使分类成为一种习惯，在各班级中进行更加细致的分类，能够根据可回收物的种类分类收集，由专人进行检查。积分奖励能够提高师生进行垃圾分类的积极性。

3. 每个班级设立专用的可回收物箱，并进行自主改造，将可回收物进行分类投放。

4. 以班级为单位考察垃圾分类情况，定期由环保小队上门回收可回收物、检查分类情况，并进行积分奖励。在学期末评选出“环保小卫士”“环保先进集体”等个人与班集体。

5. 从孩子的习惯培养渗透到每一个家庭，增强垃圾分类的实效性。

6. 在班主任层面加强宣传，学生自主组织的环保小队进行日常的培训和检查工作。

104. 教代会代表履职的常见误区有哪些？

在履职过程中，部分教代会代表通常存在一些认识上的误区，导致责任意识缺失，影响了代表作用的发挥。主要表现在以下几个方面：

（1）只代表个人意见。第一种表现是只考虑个人利益和眼前利益，不顾社会、学校的整体利益、长远利益和共同利益，被群众称为“个人代表”。第二种表现是经常说“只代表个人意见”，忘记自己所肩负的是职工群众的重托和期盼，被群众称为“不是代表”。教代会代表是教职工和代表身份的组合，它是由选区教职工选举出来的，肩负着选区教职工的信任和使命。如果仅仅局限于“我只代表我个人”，而抛开选区教职工这个前缀，那代言人的身份将变得徒有虚名。第三种表现是没有经过调查研究，经常“随便说说”。这种代表的话让大家感觉可有可无，很不负责任。

（2）混同于一般教职工。第一种表现是总是保持沉默。部分教代会代表感觉事情跟自己无关就不表态，故作镇静，有时又怕讲话被人误解，认为自己开会时是代表，会议结束后还是普通教职工，没有必要去较真儿，所以选择沉默。第二种表现是经常抱怨或总是投反对票。部分代表总觉得自己工作得不到重视，才能得不到发挥，待遇得不到保障，因而常常抱怨，在教代会上，不管是什么事，他都一概表示反对。

（3）行为错位。第一种表现是向下错位。当个别教职工对自己工作不满或对某些事情有想法或情绪的时候，教代会代表老想扮演“老好人”的角色，随声附和，表示同情或支持，甚至还帮助指出学校存在的各种问题，没有原则性，或缺乏基本的是非标准和价值判断。第二种表现是向上错位。有些教代会代表喜欢做学校行为对错的“法官”，时常怀疑学校管理的各项工作，天天替领导层操心。当自己的建议没有被采纳时，就认为领导“昏庸”。第三种表现是自我错位。部分教代会代表往往会上一套，会后一套，给人感觉是个双面人。第四种表现是惰性代表。部分教代会代表不愿意或不善于洞察职工群众的意愿、反映职工群众的诉求，使自己游离于职工群众之外，我行我素。

（4）荣誉代表。部分教代会代表是因学校出于某种考虑，被推荐产生。因而他当选为教代会代表后，把代表身份看成一种荣誉或象征，表达意见时完全听从于学校的安排，几乎成为一种摆设，被职工群众称为“签名代表”“举手代表”“鼓掌代表”。教代会代表不仅是一种荣誉，更是一份职责，是选区教职工相信他，赋予他代言的权利。不论是何种背景当选为教代会代表的人，都要背负起一种责任与义务，要将这种身份当作一种必须完成的重托，大胆地参政议政。

此外，教代会代表在教代会上，对一些重要议题和方案草案进行审议、讨论时，通常需要通过发言以简洁明了的方式表达意见，但也有部分代表的发言尤其是开场白与教代会主题相差甚远，最常见的情形为：一是客套话过多，没有实质内容。二是喜欢“戴高帽”，只说好听的话。三是过于显摆功劳。在参加分组审议学校年度工作报告，特别是有学校领导参加时，有些代表一开始就汇报“工作成绩”，以“表扬”自己为主。

总之，教代会代表参加教代会，听取和表决学校的年度工作报告或相关方案草案，不仅是代表教职工依法行使民主权利，更是履行代表的神圣职责。教代会代表不能忘记选区教职工寄予的希望，要认真履行代表职责，多从学校整体利益和选区教职工的角度出发，在教代会上代言发声，多提有建设性的意见。

105. 教代会代表在履职中需要注意哪些问题?

教代会代表是教代会的参与主体，要有效落实好教代会的各项职权，促使教代会更好地发挥学校民主管理基本制度的作用，就必须调动教代会代表的积极性和主动性，督促他们切实发挥好应有的作用。为此，教代会代表在履职中，需要注意以下几个方面作用的发挥：

(1) 教代会代表密切联系群众的作用。教代会代表是教代会与职工群众之间的桥梁和纽带，起着承上启下的重要作用。一方面，教代会代表把群众的意愿和要求反映到大会上，通过代表们的广泛深入讨论，形成统一的决议和决定。另一方面，又将大会的决议和决定传达贯彻落实到职工群众中去，进而统一思想和行动。

要密切联系群众，每名教代会代表必须做到：一是广泛接触群众，做群众的贴心人，耐心地听取各种意见，进行细致的调查研究，做到知情、知理；二是及时反映群众的正确意见，积极地提出提案，使大会的决议和提案能够真正反映群众的呼声和意愿；三是认真传达贯彻大会的决议和决定，保证大会决议的顺利实现。

(2) 教代会代表的监督作用。要发挥教代会的监督作用，应从以下几个方面体现：一是教代会代表要积极参加教代会组织的评议监督干部活动，从团结的愿望出发，勇于开展批评和自我批评，中肯地提出意见和建议；二是要关心学校全局，关心教育和教学工作，关心党的方针政策的贯彻落实，支持正确的决定，批评错误的行为，将有关情况及时向工会反映；三是要关心教代会决议的贯彻落实，对不贯彻教代会决议者和违犯教代会决议者建议改正，必要时，建议教代会给予批评。对于干部的监督，可以通过背对背地提意见，也可以向工会反映情况，通过工会组织来实现。

(3) 教代会代表的组织作用。教代会代表既是民主管理的参加者，也是组织者。不论是哪一级的民主管理工作，教代会代表都承担着组织任务。发挥教代会代表的组织作用，要突出地发挥他们组织教职工开展民主管理活动的作用。学校党政工组织要为教代会代表开展活动创造条件，给予支持，教代会要作出工作制度和组织制度方面的有关规定，保证教代会代表行使职权规范化，开展活动经常化。

(4) 教代会代表的模范带头作用。教代会代表是学校广大教职工民主选举、代表教职工参与学校管理的，要想代表群众，得到群众的信任和拥护，就必须在群众中起模范带头作用。为此，教代会代表必须模范地执行党和国家的政策、法律法规和学校各项规章制度，引导教职工正确处理国家、学校和教职工个人的利益关系。带头贯彻落实教代会的决议，维护和支持行政领导的正确指挥，做好本职工作；带头学习，带头实践，提高参与管理能力，从而更好地发挥桥梁和纽带作用，发挥联系群众、组织群众的作用。

106. 为什么要开展教代会代表述职评议工作?

教代会代表是由选区教职工民主选举产生的，受选区教职工的权利委托和权利赋予代表选区教职工参与学校民主管理，代表应当对选区教职工负责，成为他们利益的代表者和维护者。教代会代表既然是受选区教职工的委托和授权，拥有代表选区教职工参与学校民主管理的权利的同时，有义务向选区教职工通报代表职工群众参加教代会活动的情况和汇报履行代表职责的情况，接受选区教职工的评议和监督。对代表履职加以适当的监督，有利于进一步明确代表职责，增强代表的责任意识、服务意识。

代表述职评议是指教代会代表在原选举区向教职工报告工作，并接受教职工的评议和监督。它是教代会的一项重要工作制度，是督促代表履行职责、发挥作用的重要制度保证。推进代表述职评议工作的重要意义在于：有利于对代表行为实施有效监督；有利于密切代表与教职工的联系，促使代表进一步认清他们与教职工之间是产生与被产生、选举与被选举、监督与被监督的关系，促使代表尊重教职工，热爱教职工，深入基层，听取教职工呼声，反映教职工诉求，竭诚为教职工服务。

此外，教代会代表向选区教职工述职、接受评议的过程，既是给代表“施压”的过程，也是提高其素质的一条重要途径。让教职工进行评议，无疑会增加代表的压力感，督促其平时加强学习，联系群众，认真从教职工提出的建议和意见中找出关键问题，从而更好地代表教职工行使职权。因此，为了提高教代会代表的责任心和使命感，自觉接受职工群众的监督，提高教代会质量，许多学校都制定实施了教代会代表述职评议制度。

107. 教代会代表如何向选区教职工进行述职?

教代会代表可以定期向选区教职工就一段时间内（通常为一年），参加教代会及其各项活动和履行职责的情况进行述职，述职要讲清参与审议提出意见和建议的情况，参加审议表决的情况，反映职工群众利益诉求的情况，提出相关提案的情况，以及加强自身学习、提高履职能力等方面的情况。具体包括：①代表在参加教代会讨论审议重大决策、决定和涉及教职工切身利益重大事项中做了哪些工作；②代表在宣传贯彻教代会精神、落实教代会决议方面做了哪些工作；③代表在广泛发动职工群众，积极征集和收集教职工提案中做了哪些工作；④代表在教代会闭会期间，参与民主监督、民主管理活动中做了哪些工作；⑤代表在巡视检查活动中，是否及时把身边职工群众反映强烈的热点、难点、重点问题反映上来，为领导正确决策当好参谋；⑥代表在监督学校搞好校务公开中做了哪些工作；⑦代表在维护教职工合法权益，敢于向损害国家、集体、教职工利益的行为作斗争中做了哪些工作；⑧代表自身学习和参政议政能力提升的有关情况；⑨其他需要说明的有关问题。

述职方式原则上为教代会代表每年在本选区教职工大会（或教代会）上作一次述职报告。基本程序为：①学校教代会代表述职评议领导小组于会前15日向被评议代表发出通知；②被评议的代表根据通知精神，认真写出述职报告；③被评议的代表在教职工大会（或教代会）上向参会人员述职；④教职工大会（或教代会）参会人员听取代表述职后，以无记名方式对被评议代表进行评议，评议时发给代表测评表，测评等次分优秀、称职、基本称职、不称职；⑤代表述职评议领导小组根据大会选出的监票员、计票员所汇总统计的评议结果，当场向全体人员公布评议结果。选区内的教职工有权对不履行或无法履行代表职责的代表提出撤免建议。

代表在起草述职报告时，一定要先梳理自己作为代表所做的主要工作，以及存在哪些问题和今后的努力方向或打算等，最后将它体现在述职报告里。

108. 学校工会如何推进教代会代表述职评议工作?

由于一些教代会代表不能充分体现民意，履行代表职责的“渎职”行为时有发生。为了增强教代会代表的代表意识和责任感，确保代表履行好自己的权利和义务，许多学校探索实行了教代会代表的述职评议制，规定教代会代表每年向选区教职工进行一次述职活动，并接受选区教职工的评议。学校工会在推进这项工作时，需要注意以下几个方面：

（1）注重教代会代表述职评议工作的组织领导。学校工会应成立教代会代表述职评议工作委员会。委员会由学校党组织、工会、组织人事部门、教代会代表等组成，委员会主任一般由学校工会主席担任，工会具体负责整个民主评议工作的开展。

（2）把握好教代会代表述职评议的原则。这主要是指学校工会要坚持全面、客观、公正评议原则，注重实绩，认真负责，防止简单化和片面性。要从爱护代表入手，以评议代表的工作实绩为主，帮助代表不断提高政策水平和参政议政能力，进一步调动他们参与学校民主管理工作的积极性。

（3）掌握好教代会代表述职评议的时机。教代会代表的述职应结合学校教代会的召开，通过原选区组织教代会代表向教职工进行述职和评议为宜。从客观上来说，原选区的教职工对被选举的代表履行职责情况更了解、更熟悉。

（4）设置好教代会代表述职评议的内容。述职内容，由代表对照职责要求，结合自己在一定时段内履行职责的情况，实事求是地向原选区的教职工作述职报告，分析存在的问题、明确努力的方向，接受选区职工群众的评议和监督。评议内容，由学校工会按政治思想素质、技术（业务）管理水平、工作作风，以及“代言人”作用发挥等情况，以优秀、称职、基本称职、不称职四个档次进行设置。

（5）运用好教代会代表述职评议的结果。对于称职票超过原选区教职工数三分之二的代表，可由学校工会给予适当奖励；不称职票超过原选区教职工数三分之一的代表，可由学校工会给予批评教育或警告；不称职票超过原选区教职工数三分之二的代表，按照教代会确定的罢免程序提出罢免建议，以保证代表能切实担负起代言人的责任，保证代表在群众中享有较高威信。

注意：学校工会可从三个方面对教代会代表进行评定。①对代表参政议政意识的评定：全年参加教代会、专门委员会（工作小组）、巡视检查的出席率，对教代会方案草案的建议率等进行评估和考核。②对代表密切联系选区职工群众的评定：是否广泛征求选区职工群众对教代会方案草案的意见和要求，是否将职工群众的意见和建议及时反映到单位有关部门，或是在教代会召开时是否充分表达了职工群众的愿望和要求。③对代表素质提高的评定：是否积极参加学校组织的各项培训活动和各项民主管理活动的实践，是否将学到的知识运用到民主管理工作的实践中等。

延伸阅读

K区教育工会三个环节切实提高教代会代表整体素质

一是组织教代会代表的竞选。有条件的学校教代会代表可以探索竞选产生代表候选人，产生包括自荐、他荐和组织推荐三种方式，以自荐为主；代表选举时，候选人做竞选演说，由教职工以无记名投票选举产生正式代表，将“要我做代表”转变成“我要做代表”。

二是加强教代会代表的培训。编写《区教育系统教代会代表培训材料》，让教代会代表了解我国教代会制度的法律地位及其发展，以及教代会的性质、任务、职权、组织制度和程序等；经常开展教代会代表日常培训，帮助代表们了解教育改革发展的形势和要求，学习相关政策和规定，提高代表们的履职能力和水平。

三是开展教代会代表的述职评优。每年开展教代会代表述职活动，就一年来履职方面向选区内教职工报告工作，并推荐出校优秀教代会代表，名额不超过本届代表总数的20%，由学校召开教职工大会表彰；区教育工会评选产生区优秀教代会代表，并进行公示听取教职工意见，名额不超过本届代表总数的10%。

109. 学校工会如何加强对教代会代表的培训?

教代会代表培训是教代会工作的一项经常性内容，作为教代会的工作机构，学校工会应当重视并积极组织开展好教代会代表的教育培训工作，为开好教代会以及代表行使权利、履行义务创造良好条件。

教代会代表的培训主要有以下几种方法：

(1) 理论与实际相结合。培训时，要联系学校及教职工的实际，对代表进行党的方针政策、国家有关法律法规的教育。同时，组织代表学习民主管理知识以及组织经验交流、参观学习等活动，增加感性认识。

(2) 普及与提高相结合。在培训对象上，既要面向全体代表，又要面向骨干代表。对全体代表的培训应当制度化，每年开展一次，在教代会召开前夕进行。培训内容侧重于教代会基础知识，如教代会的性质、地位、职权、代表的权利义务以及如何当好代表等。对教代会代表团（组）长、专门委员会（工作小组）负责人等骨干代表培训，应有针对性，突出实用性，提高他们解决实际问题的能力。培训时间安排上可灵活机动。

(3) 自学与集中辅导相结合。在培训方式上，既可以编印学习材料让代表自学，也可以代表团（组）为单位组织学习讨论和经验交流，或者举办不同形式的培训班和专题讲座。

各学校在开展这项工作过程中，学校工会需要重点把握好以下环节：

(1) 健全培训制度。要把代表学习培训工作列为重要议事日程，拟定切实可行的代表学习培训计划和组织实施方案，以保证代表的素质能够切实得到提高。

(2) 明确培训重点。培训重点应放在代表应知应会相关知识的基础培训，以及提升代表履职能力的专项培训上。引导和鼓励代表将代言、参政、监督和为学校发展建言献策结合起来，提出具有前瞻性和可操作性的意见和建议。

(3) 拓展培训形式。要从学校实际出发，结合不同的培训内容，采用多种形式进行，如集中培训、分片分类分期培训、网络培训、以会代训等，以及使代表在各种活动中受教育。重点可在教代会召开前或召开期间，结合大会内容进行培训。或根据民主管理活动的需要，举办相应讲座，进行一事一培训。

(4) 丰富培训内容。选择培训内容应紧密结合代表的实际需求，充分考虑针对性和有效性，不仅要组织代表学习教代会的民主管理知识，还要学习相关法律法规和政策规定，财务管理知识，代表履职须知等内容。

(5) 精心组织培训。工会开展培训工作应与学校行政充分沟通，并取得相应的支持，在不影响学校正常的教学科研活动的基础上，结合代表工作实际，可分期分批组织培训。要注意培训工作质量和效果，并加强考核评估，以克服培训工作上的形式主义。同时，通过组织代表加强民主管理的实践活动，不断提高代表履职的能力和水平。

110. 学校工会如何加强对教代会代表的日常管理?

当前，在工作实践中，有部分教职工当选代表后，抱着“话多有失”“得过且过”的思想，代表的责任流于形式。具体体现为“两少”现象：一是讨论发言少。在教代会召开期间对工作报告讨论时的发言少，表现为“该举手时就举手，该讨论时不开口”，缺少一种积极参政议政的观念和责任意识。二是日常活动少。对教代会闭会期间的一些工作，教代会代表很少参与，与选区教职工也缺少沟通，失去了“代言人”的作用。因此必须重视与加强对教代会代表的素质建设与考核管理。

(1) 加强对教代会代表的素质建设。培养一支政策水平高、业务素质强、知识面广的教代会代表队伍是学校民主管理的一项重点工作。学校工会在加强教代会代表素质建设方面，要把好以下两道关口：一是要把好代表入口关。首先，明确教代会代表的标准和条件。①综合素质高，参政意识强。作为教代会代表，必须强调综合素质，要有大局意识、参政意识和群众观念，考虑问题必须全面。要摈弃过去选老实肯干、听话的教职工当代表的做法。②群众基础好，有广泛的代表性。教代会代表是代表广大教职工意愿的，必须有广泛的群众基础，是广大职工群众所能够信任的。如果没有群众基础，不能够取得教职工的信任，教代会代表也就失去了“代表性”。③处事公正，敢于讲真话。作为一名教代会代表，在讨论发言、投票表决时，必须坚持实事求是和客观公正的态度，不能仅凭自己的意愿和从局部利益出发。另外，要考虑大多数选区教职工的意愿，不能人云亦云。其次，严格选举程序。要按照相关规定，严格民主选举过程，禁止“人情票”“好处票”，保证选举的公平、公开、公正。在换届选举过程中，尽量做到“能者上，庸者下”。再次，严格审查程序。要对各选区教代会代表的产生程序、方式方法进行严格审查，避免出现简化程序，影响代表质量的现象。不仅是要对换届选举产生的新一届教代会代表进行严格审查，更重要的是届期内每次会议召开前都应对代表资格进行认真审查。最后，要严格代表结构审查。教代会代表要具有广泛的代表性，就必须保证代表的层次结构，教师与领导干部等人员的代表比例应符合规定要求。二是要把好代表培训教育关。学校工会要将教代会代表培训工作作为一项长期性、基础性工作列入议事日程，在制定工作规划、研究确定重点工作时，同步考虑，统筹安排。要积极争取学校党政的重视与支持，将代表培训工作列入学校整体培训计划，保证代表培训工作必要的经费、时间和人员。要从学校所需、代表所需入手，从解决实际问题入手，及时调整培训内容，创新培训方式。要通过采取多种形式的教育培训，使代表明了自己应承担的责任和履行的职责，对学校负责，对选区教职工负责。

(2) 加强对教代会代表的考核管理。加强对代表的考核管理，是督促代表履行职责发挥作用，提升教代会运行质量的重要途径。学校工会应建立教代会代表工作手册，加强对代表参加教代会会议（活动）的出席情况、完成教代会交办工作的质量情况、参加教代会各项职权的履职情况，在参与过程中的代表意识、责任意识、大局意识表现情况，参与教代会提案的数量和质量，反映职工诉求的情况，以及贯彻落实教代会决议情况的考核和管理。要积极推进对代表履职情况的责任考核，通过代表向选区教职工述职并接受评议考核等方式，密切代表与选区职工群众的沟通和联系，提高代表参政议政的能力和水平，促进代表更好地履行职责。

对于有条件的学校，工会可以建立教代会代表的述职、评议、激励和淘汰制度，增强代表的危机感和使命感，并设立优秀教代会代表和优秀提案奖励基金，引导教代会代表创先争优。学校工会要每年组织教职工根据教代会代表的述职情况和民主评议结果，对教代会代表进行评议。对于选区教职工满意率高的教代会代表，可作为评选优秀代表的重要依据；对于满意和基本满意率比较低的教代会代表，尤其是在一年内“无提案、无活动、无建议”的“三无”代表，工会可给予书面或口头告诫；对于群众意见大、不合格的代表，选区教职工可行使撤换权利；对成绩突出的代表，应予以表彰奖励。

工作范例

××大学教代会代表履职管理办法

为进一步完善学校内部治理结构，积极调动教代会代表履职积极性，充分发挥教代会代表在推进学校民主管理工作中的作用，特对教代会代表履职管理制定以下办法：

第一条 教代会代表通过民主选举产生，是代表教职工依法参与学校民主管理、民主监督的主体。

第二条 教代会代表的履职范围：

（一）学习、宣传法律、法规、政策，提高思想政治素质和参与民主管理的能力。

（二）密切联系教职工，认真听取教职工的意见和建议，如实反映教职工的意见和要求，任期内作为提案人至少撰写1个提案，并对提案办理情况进行询问和监督。

（三）积极参加与教代会代表履职相关的培训、巡视等活动。

（四）积极参加一年一度的教代会及代表团的分组讨论，认真执行教代会（或执行委员会）决议，完成教代会（或执行委员会）交办的工作任务。

（五）及时向本院系（所）、部门教职工传达教代会精神和履职情况。

第三条 教代会代表应自觉接受本院系（所）、部门教职工的监督。

第四条 校工会应会同相关专门工作小组对教代会代表的履职情况及时做好记录。

第五条 校工会在教代会代表整体换届时对各位代表履职情况反馈原选举单位。每年向代表发放少量的履职费。

第六条 代表原选举单位可以依照民主程序，撤免本单位的不合格代表。教代会代表在任期内出现下列情况的可以按程序撤免：

（一）违法犯罪，受到刑事处罚的（当然撤免）；

（二）严重违反校纪校规，受到处分或处理的（当然撤免）；

（三）本人提出辞去教代会代表职务，并经原选举单位半数以上教职工同意的；

（四）因长期出国、外借、病假、事假等原因或因严重失职失去原选举单位教职工信任，不能正常履行代表职责，并经原选举单位全体教职工半数以上同意的。

第七条 撤免教代会代表资格，原选举单位应当报校工会审核、备案，经同意后依照规定的民主程序进行补选并公布。

第八条 教代会代表离职、离退休，或因工作需要调离学校的，即自行终止代表资格，可由原选举单位依照规定的民主程序进行补选并公布。

第九条 为代表提案提供经费支持，校工会每年设立提案专项调研费。代表需提出书面申请后，校工会按有关程序进行审批。

第十条 本办法从校工会委员会讨论通过之日起施行，由校工会负责解释。

第十一条 本办法若需修改，需提交校工会委员会按程序修订。

中华人民共和国工会法

（1992 年 4 月 3 日第七届全国人民代表大会第五次会议通过　根据 2001 年 10 月 27 日第九届全国人民代表大会常务委员会第二十四次会议《关于修改〈中华人民共和国工会法〉的决定》第一次修正　根据 2009 年 8 月 27 日第十一届全国人民代表大会常务委员会第十次会议《关于修改部分法律的决定》第二次修正　根据 2021 年 12 月 24 日第十三届全国人民代表大会常务委员会第三十二次会议《关于修改〈中华人民共和国工会法〉的决定》第三次修正）

目　　录

第一章　总　　则

第一条　为保障工会在国家政治、经济和社会生活中的地位，确定工会的权利与义务，发挥工会在社会主义现代化建设事业中的作用，根据宪法，制定本法。

第二条 工会是中国共产党领导的职工自愿结合的工人阶级群众组织，是中国共产党联系职工群众的桥梁和纽带。

中华全国总工会及其各工会组织代表职工的利益，依法维护职工的合法权益。

第三条 在中国境内的企业、事业单位、机关、社会组织（以下统称用人单位）中以工资收入为主要生活来源的劳动者，不分民族、种族、性别、职业、宗教信仰、教育程度，都有依法参加和组织工会的权利。任何组织和个人不得阻挠和限制。

工会适应企业组织形式、职工队伍结构、劳动关系、就业形态等方面的发展变化，依法维护劳动者参加和组织工会的权利。

第四条 工会必须遵守和维护宪法，以宪法为根本的活动准则，以经济建设为中心，坚持社会主义道路，坚持人民民主专政，坚持中国共产党的领导，坚持马克思列宁主义、毛泽东思想、邓小平理论、“三个代表”重要思想、科学发展观、习近平新时代中国特色社会主义思想，坚持改革开放，保持和增强政治性、先进性、群众性，依照工会章程独立自主地开展工作。

工会会员全国代表大会制定或者修改《中国工会章程》，章程不得与宪法和法律相抵触。

国家保护工会的合法权益不受侵犯。

第五条 工会组织和教育职工依照宪法和法律的规定行使民主权利，发挥国家主人翁的作用，通过各种途径和形式，参与管理国家事务、管理经济和文化事业、管理社会事务；协助人民政府开展工作，维护工人阶级领导的、以工农联盟为基础的人民民主专政的社会主义国家政权。

第六条 维护职工合法权益、竭诚服务职工群众是工会的基本职责。工会在维护全国人民总体利益的同时，代表和维护职工的合法权益。

工会通过平等协商和集体合同制度等，推动健全劳动关系协调机制，维护职工劳动权益，构建和谐劳动关系。

工会依照法律规定通过职工代表大会或者其他形式，组织职工参与本单位的民主选举、民主协商、民主决策、民主管理和民主监督。

工会建立联系广泛、服务职工的工会工作体系，密切联系职工，听取和反映职工的意见和要求，关心职工的生活，帮助职工解决困难，全心全意为职工服务。

第七条 工会动员和组织职工积极参加经济建设，努力完成生产任务和工作任务。教育职工不断提高思想道德、技术业务和科学文化素质，建设有理想、有道德、有文化、有纪律的职工队伍。

第八条 工会推动产业工人队伍建设改革，提高产业工人队伍整体素质，发挥产业工人骨干作用，维护产业工人合法权益，保障产业工人主人翁地位，造就一支有理想守信念、懂技术会创新、敢担当讲奉献的宏大产业工人队伍。

第九条 中华全国总工会根据独立、平等、互相尊重、互不干涉内部事务的原则，加强同各国工会组织的友好合作关系。

第二章 工会组织

第十条 工会各级组织按照民主集中制原则建立。

各级工会委员会由会员大会或者会员代表大会民主选举产生。企业主要负责人的近亲属不得作为本企业基层工会委员会成员的人选。

各级工会委员会向同级会员大会或者会员代表大会负责并报告工作，接受其监督。

工会会员大会或者会员代表大会有权撤换或者罢免其所选举的代表或者工会委员会组成人员。

上级工会组织领导下级工会组织。

第十一条 用人单位有会员二十五人以上的，应当建立基层工会委员会；不足二十五人的，可以单独建立基层工会委员会，也可以由两个以上单位的会员联合建立基层工会委员会，也可以选举组织员一人，组织会员开展活动。女职工人数较多的，可以建立工会女职工委员会，在同级工会领导下开展工作；女职工人数较少的，可以在工会委员会中设女职工委员。

企业职工较多的乡镇、城市街道，可以建立基层工会的联合会。

县级以上地方建立地方各级总工会。

同一行业或者性质相近的几个行业，可以根据需要建立全国的或者地方的产业工会。

全国建立统一的中华全国总工会。

第十二条 基层工会、地方各级总工会、全国或者地方产业工会组织的建立，必须报上一级工会批准。

上级工会可以派员帮助和指导企业职工组建工会，任何单位和个人不得阻挠。

第十三条 任何组织和个人不得随意撤销、合并工会组织。

基层工会所在的用人单位终止或者被撤销，该工会组织相应撤销，并报告上一级工会。

依前款规定被撤销的工会，其会员的会籍可以继续保留，具体管理办法由中华全国总工会制定。

第十四条 职工二百人以上的企业、事业单位、社会组织的工会，可以设专职工会主席。工会专职工作人员的人数由工会与企业、事业单位、社会组织协商确定。

第十五条 中华全国总工会、地方总工会、产业工会具有社会团体法人资格。

基层工会组织具备民法典规定的法人条件的，依法取得社会团体法人资格。

第十六条 基层工会委员会每届任期三年或者五年。各级地方总工会委员会和产业工会委员会每届任期五年。

第十七条 基层工会委员会定期召开会员大会或者会员代表大会，

讨论决定工会工作的重大问题。经基层工会委员会或者三分之一以上的工会会员提议，可以临时召开会员大会或者会员代表大会。

第十八条 工会主席、副主席任期未满时，不得随意调动其工作。因工作需要调动时，应当征得本级工会委员会和上一级工会的同意。

罢免工会主席、副主席必须召开会员大会或者会员代表大会讨论，非经会员大会全体会员或者会员代表大会全体代表过半数通过，不得罢免。

第十九条 基层工会专职主席、副主席或者委员自任职之日起，其劳动合同期限自动延长，延长期限相当于其任职期间；非专职主席、副主席或者委员自任职之日起，其尚未履行的劳动合同期限短于任期的，劳动合同期限自动延长至任期期满。但是，任职期间个人严重过失或者达到法定退休年龄的除外。

第三章 工会的权利和义务

第二十条 企业、事业单位、社会组织违反职工代表大会制度和其他民主管理制度，工会有权要求纠正，保障职工依法行使民主管理的权利。

法律、法规规定应当提交职工大会或者职工代表大会审议、通过、决定的事项，企业、事业单位、社会组织应当依法办理。

第二十一条 工会帮助、指导职工与企业、实行企业化管理的事业单位、社会组织签订劳动合同。

工会代表职工与企业、实行企业化管理的事业单位、社会组织进行平等协商，依法签订集体合同。集体合同草案应当提交职工代表大会或者全体职工讨论通过。

工会签订集体合同，上级工会应当给予支持和帮助。

企业、事业单位、社会组织违反集体合同，侵犯职工劳动权益的，工会可以依法要求企业、事业单位、社会组织予以改正并承担责任；因履行集体合同发生争议，经协商解决不成的，工会可以向劳动争议仲裁机构提请仲裁，仲裁机构不予受理或者对仲裁裁决不服的，可以向人民法院提起诉讼。

第二十二条 企业、事业单位、社会组织处分职工，工会认为不适当的，有权提出意见。

用人单位单方面解除职工劳动合同时，应当事先将理由通知工会，工会认为用人单位违反法律、法规和有关合同，要求重新研究处理时，用人单位应当研究工会的意见，并将处理结果书面通知工会。

职工认为用人单位侵犯其劳动权益而申请劳动争议仲裁或者向人民法院提起诉讼的，工会应当给予支持和帮助。

第二十三条 企业、事业单位、社会组织违反劳动法律法规规定，有下列侵犯职工劳动权益情形，工会应当代表职工与企业、事业单位、社会组织交涉，要求企业、事业单位、社会组织采取措施予以改正；企业、事业单位、社会组织应当予以研究处理，并向工会作出答复；企业、事业单位、社会组织拒不改正的，工会可以提请当地人民政府依法作出处理：

（一）克扣、拖欠职工工资的；

（二）不提供劳动安全卫生条件的；

（三）随意延长劳动时间的；

（四）侵犯女职工和未成年工特殊权益的；

（五）其他严重侵犯职工劳动权益的。

第二十四条 工会依照国家规定对新建、扩建企业和技术改造工程中的劳动条件和安全卫生设施与主体工程同时设计、同时施工、同时投产使用进行监督。对工会提出的意见，企业或者主管部门应当认真处理，并将处理结果书面通知工会。

第二十五条 工会发现企业违章指挥、强令工人冒险作业，或者生产过程中发现明显重大事故隐患和职业危害，有权提出解决的建议，企业应当及时研究答复；发现危及职工生命安全的情况时，工会有权向企业建议组织职工撤离危险现场，企业必须及时作出处理决定。

第二十六条 工会有权对企业、事业单位、社会组织侵犯职工合法权益的问题进行调查，有关单位应当予以协助。

第二十七条 职工因工伤亡事故和其他严重危害职工健康问题的调查处理，必须有工会参加。工会应当向有关部门提出处理意见，并有权要求追究直接负责的主管人员和有关责任人员的责任。对工会提出的意见，应当及时研究，给予答复。

第二十八条 企业、事业单位、社会组织发生停工、怠工事件，工会应当代表职工同企业、事业单位、社会组织或者有关方面协商，反映职工的意见和要求并提出解决意见。对于职工的合理要求，企业、事业单位、社会组织应当予以解决。工会协助企业、事业单位、社会组织做好工作，尽快恢复生产、工作秩序。

第二十九条 工会参加企业的劳动争议调解工作。

地方劳动争议仲裁组织应当有同级工会代表参加。

第三十条 县级以上各级总工会依法为所属工会和职工提供法律援助等法律服务。

第三十一条 工会协助用人单位办好职工集体福利事业，做好工资、劳动安全卫生和社会保险工作。

第三十二条 工会会同用人单位加强对职工的思想政治引领，教育职工以国家主人翁态度对待劳动，爱护国家和单位的财产；组织职工开展群众性的合理化建议、技术革新、劳动和技能竞赛活动，进行业余文化技术学习和职工培训，参加职业教育和文化体育活动，推进职业安全健康教育和劳动保护工作。

第三十三条 根据政府委托，工会与有关部门共同做好劳动模范和先进生产（工作）者的评选、表彰、培养和管理工作。

第三十四条 国家机关在组织起草或者修改直接涉及职工切身利益的法律、法规、规章时，应当听取工会意见。

县级以上各级人民政府制定国民经济和社会发展计划，对涉及职工利益的重大问题，应当听取同级工会的意见。

县级以上各级人民政府及其有关部门研究制定劳动就业、工资、劳动安全卫生、社会保险等涉及职工切身利益的政策、措施时，应当吸收同级工会参加研究，听取工会意见。

第三十五条 县级以上地方各级人民政府可以召开会议或者采取适当方式，向同级工会通报政府的重要的工作部署和与工会工作有关的行政措施，研究解决工会反映的职工群众的意见和要求。

各级人民政府劳动行政部门应当会同同级工会和企业方面代表，建立劳动关系三方协商机制，共同研究解决劳动关系方面的重大问题。

第四章 基层工会组织

第三十六条 国有企业职工代表大会是企业实行民主管理的基本形式，是职工行使民主管理权力的机构，依照法律规定行使职权。

国有企业的工会委员会是职工代表大会的工作机构，负责职工代表大会的日常工作，检查、督促职工代表大会决议的执行。

第三十七条 集体企业的工会委员会，应当支持和组织职工参加民主管理和民主监督，维护职工选举和罢免管理人员、决定经营管理的重大问题的权力。

第三十八条 本法第三十六条、第三十七条规定以外的其他企业、事业单位的工会委员会，依照法律规定组织职工采取与企业、事业单位相适应的形式，参与企业、事业单位民主管理。

第三十九条 企业、事业单位、社会组织研究经营管理和发展的重大问题应当听取工会的意见；召开会议讨论有关工资、福利、劳动安全卫生、工作时间、休息休假、女职工保护和社会保险等涉及职工切身利益的问题，必须有工会代表参加。

企业、事业单位、社会组织应当支持工会依法开展工作，工会应当支持企业、事业单位、社会组织依法行使经营管理权。

第四十条 公司的董事会、监事会中职工代表的产生，依照公司法有关规定执行。

第四十一条 基层工会委员会召开会议或者组织职工活动，应当在生产或者工作时间以外进行，需要占用生产或者工作时间的，应当事先征得企业、事业单位、社会组织的同意。

基层工会的非专职委员占用生产或者工作时间参加会议或者从事工会工作，每月不超过三个工作日，其工资照发，其他待遇不受影响。

第四十二条 用人单位工会委员会的专职工作人员的工资、奖励、补贴，由所在单位支付。社会保险和其他福利待遇等，享受本单位职工同等待遇。

第五章 工会的经费和财产

第四十三条 工会经费的来源：

（一）工会会员缴纳的会费；

（二）建立工会组织的用人单位按每月全部职工工资总额的百分之二向工会拨缴的经费；

（三）工会所属的企业、事业单位上缴的收入；

（四）人民政府的补助；

（五）其他收入。

前款第二项规定的企业、事业单位、社会组织拨缴的经费在税前列支。

工会经费主要用于为职工服务和工会活动。经费使用的具体办法由中华全国总工会制定。

第四十四条 企业、事业单位、社会组织无正当理由拖延或者拒不拨缴工会经费，基层工会或者上级工会可以向当地人民法院申请支付令；拒不执行支付令的，工会可以依法申请人民法院强制执行。

第四十五条 工会应当根据经费独立原则，建立预算、决算和经费审查监督制度。

各级工会建立经费审查委员会。

各级工会经费收支情况应当由同级工会经费审查委员会审查，并且定期向会员大会或者会员代表大会报告，接受监督。工会会员大会或者会员代表大会有权对经费使用情况提出意见。

工会经费的使用应当依法接受国家的监督。

第四十六条 各级人民政府和用人单位应当为工会办公和开展活动，提供必要的设施和活动场所等物质条件。

第四十七条 工会的财产、经费和国家拨给工会使用的不动产，任何组织和个人不得侵占、挪用和任意调拨。

第四十八条 工会所属的为职工服务的企业、事业单位，其隶属关系不得随意改变。

第四十九条 县级以上各级工会的离休、退休人员的待遇，与国家机关工作人员同等对待。

第六章 法律责任

第五十条 工会对违反本法规定侵犯其合法权益的，有权提请人民政府或者有关部门予以处理，或者向人民法院提起诉讼。

第五十一条 违反本法第三条、第十二条规定，阻挠职工依法参加和组织工会或者阻挠上级工会帮助、指导职工筹建工会的，由劳动行政部门责令其改正；拒不改正的，由劳动行政部门提请县级以上人民政府处理；以暴力、威胁等手段阻挠造成严重后果，构成犯罪的，依法追究刑事责任。

第五十二条 违反本法规定，对依法履行职责的工会工作人员无正当理由调动工作岗位，进行打击报复的，由劳动行政部门责令改正、恢复原工作；造成损失的，给予赔偿。

对依法履行职责的工会工作人员进行侮辱、诽谤或者进行人身伤害，构成犯罪的，依法追究刑事责任；尚未构成犯罪的，由公安机关依照治安管理处罚法的规定处罚。

第五十三条 违反本法规定，有下列情形之一的，由劳动行政部门责令恢复其工作，并补发被解除劳动合同期间应得的报酬，或者责令给予本人年收入二倍的赔偿：

（一）职工因参加工会活动而被解除劳动合同的；

（二）工会工作人员因履行本法规定的职责而被解除劳动合同的。

第五十四条 违反本法规定，有下列情形之一的，由县级以上人民政府责令改正，依法处理：

（一）妨碍工会组织职工通过职工代表大会和其他形式依法行使民主权利的；

（二）非法撤销、合并工会组织的；

（三）妨碍工会参加职工因工伤亡事故以及其他侵犯职工合法权益问题的调查处理的；

（四）无正当理由拒绝进行平等协商的。

第五十五条 违反本法第四十七条规定，侵占工会经费和财产拒不返还的，工会可以向人民法院提起诉讼，要求返还，并赔偿损失。

第五十六条 工会工作人员违反本法规定，损害职工或者工会权益的，由同级工会或者上级工会责令改正，或者予以处分；情节严重的，依照《中国工会章程》予以罢免；造成损失的，应当承担赔偿责任；构成犯罪的，依法追究刑事责任。

第七章　附　　则

第五十七条 中华全国总工会会同有关国家机关制定机关工会实施本法的具体办法。

第五十八条 本法自公布之日起施行。1950 年 6 月 29 日中央人民政府颁布的《中华人民共和国工会法》同时废止。

中国工会章程

（中国工会第十七次全国代表大会部分修改，2018年10月26日通过）

总　　则

中国工会是中国共产党领导的职工自愿结合的工人阶级群众组织，是党联系职工群众的桥梁和纽带，是国家政权的重要社会支柱，是会员和职工利益的代表。

中国工会以宪法为根本活动准则，按照《中华人民共和国工会法》和本章程独立自主地开展工作，依法行使权利和履行义务。

工人阶级是我国的领导阶级，是先进生产力和生产关系的代表，是中国共产党最坚实最可靠的阶级基础，是改革开放和社会主义现代化建设的主力军，是维护社会安定的强大而集中的社会力量。中国工会高举中国特色社会主义伟大旗帜，以马克思列宁主义、毛泽东思想、邓小平理论、“三个代表”重要思想、科学发展观、习近平新时代中国特色社会主义思想为指导，贯彻执行党的以经济建设为中心，坚持四项基本原则，坚持改革开放的基本路线，保持和增强政治性、先进性、群众性，坚定不移地走中国特色社会主义工会发展道路，推动党的全心全意依靠工人阶级的根本指导方针的贯彻落实，全面履行工会的社会职能，在维护全国人民总体利益的同时，更好地表达和维护职工的具体利益，团结和动员全国职工自力更生、艰苦创业，坚持和发展中国特色社会主义，为全面建成小康社会、把我国建设成为富强民主文明和谐美丽的社会主义现代化强国、实现中华民族伟大复兴的中国梦而奋斗。

中国工会坚持自觉接受中国共产党的领导，承担团结引导职工群众听党话、跟党走的政治责任，巩固和扩大党执政的阶级基础和群众基础。

中国工会的基本职责是维护职工合法权益、竭诚服务职工群众。

中国工会按照中国特色社会主义事业“五位一体”总体布局和“四个全面”战略布局，贯彻创新、协调、绿色、开放、共享的发展理念，把握为实现中华民族伟大复兴的中国梦而奋斗的工人运动时代主题，弘扬劳模精神、劳动精神、工匠精神，动员和组织职工积极参加建设和改革，努力促进经济、政治、文化、社会和生态文明建设；代表和组织职工参与国家和社会事务管理，参与企业、事业单位和机关的民主管理；教育职工践行社会主义核心价值观，不断提高思想道德素质、科学文化素质和技术技能素质，推进产业工人队伍建设改革，建设有理想、有道德、有文化、有纪律的职工队伍，不断发展工人阶级先进性。

中国工会以忠诚党的事业、竭诚服务职工为己任，坚持组织起来、切实维权的工作方针，坚持以职工为本、主动依法科学维权的维权观，促进完善社会主义劳动法律，维护职工的经济、政治、文化和社会权利，参与协调劳动关系和社会利益关系，推动构建和谐劳动关系，促进经济高质量发展和社会的长期稳定，维护工人阶级和工会组织的团结统一，为构建社会主义和谐社会作贡献。

中国工会维护工人阶级领导的、以工农联盟为基础的人民民主专政的社会主义国家政权，协助人民政府开展工作，依法发挥民主参与和社会监督作用。

中国工会在企业、事业单位中，按照促进企事业发展、维护职工权益的原则，支持行政依法行使管理权力，组织职工参加民主管理和民主监督，与行政方面建立协商制度，保障职工的合法权益，调动职工的积极性，促进企业、事业的发展。

中国工会实行产业和地方相结合的组织领导原则，坚持民主集中制。

中国工会坚持以改革创新精神加强自身建设，构建联系广泛、服务职工的工作体系，增强团结教育、维护权益、服务职工的功能，坚持群众化、民主化，保持同会员群众的密切联系，依靠会员群众开展工会工作。各级工会领导机关坚持把工作重点放到基层，着力扩大覆盖面、增强代表性，着力强化服务意识、提高维权能力，着力加强队伍建设、提升保障水平，坚持服务职工群众的工作生命线，全心全意为基层、为职工服务，构建智慧工会，增强基层工会的吸引力凝聚力战斗力，把工会组织建设得更加充满活力、更加坚强有力，成为深受职工群众信赖的学习型、服务型、创新型“职工之家”。

工会兴办的企业、事业，坚持公益性、服务性，坚持为改革开放和发展社会生产力服务，为职工群众服务，为推进工运事业服务。

中国工会努力巩固和发展工农联盟，坚持最广泛的爱国统一战线，加强包括香港特别行政区同胞、澳门特别行政区同胞、台湾同胞和海外侨胞在内的全国各族人民的大团结，促进祖国的统一、繁荣和富强。

中国工会在国际事务中坚持独立自主、互相尊重、求同存异、加强合作、增进友谊的方针，在独立、平等、互相尊重、互不干涉内部事务的原则基础上，广泛建立和发展同国际和各国工会组织的友好关系，积极参与“一带一路”建设，增进我国工人阶级同各国工人阶级的友谊，同全世界工人和工会一起，在推动构建人类命运共同体中发挥作用，为世界的和平、发展、合作、工人权益和社会进步而共同努力。

中国工会落实新时代党的建设总要求，以党的政治建设为统领，全面加强党的建设，增强政治意识、大局意识、核心意识、看齐意识，坚定道路自信、理论自信、制度自信、文化自信，坚决维护习近平总书记党中央的核心、全党的核心地位，坚决维护党中央权威和集中统一领导，在思想上政治上行动上同以习近平同志为核心的党中央保持高度一致。

第一章　会　　员

第一条　凡在中国境内的企业、事业单位、机关和其他社会组织中，以工资收入为主要生活来源或者与用人单位建立劳动关系的体力劳动者和脑力劳动者，不分民族、种族、性别、职业、宗教信仰、教育程度，承认工会章程，都可以加入工会为会员。

第二条　职工加入工会，由本人自愿申请，经工会基层委员会批准并发给会员证。

第三条　会员享有以下权利：

（一）选举权、被选举权和表决权。

（二）对工会工作进行监督，提出意见和建议，要求撤换或者罢免不称职的工会工作人员。

（三）对国家和社会生活问题及本单位工作提出批评与建议，要求工会组织向有关方面如实反映。

（四）在合法权益受到侵犯时，要求工会给予保护。

（五）工会提供的文化、教育、体育、旅游、疗休养、互助保障、生活救助、法律服务、就业服务等优惠待遇；工会给予的各种奖励。

（六）在工会会议和工会媒体上，参加关于工会工作和职工关心问题的讨论。

第四条　会员履行下列义务：

（一）认真学习贯彻习近平新时代中国特色社会主义思想，学习政治、经济、文化、法律、科学、技术和工会基本知识等。

（二）积极参加民主管理，努力完成生产和工作任务，立足本职岗位建功立业。

（三）遵守宪法和法律，践行社会主义核心价值观，弘扬中华民族传统美德，恪守社会公德、职业道德、家庭美德、个人品德，遵守劳动纪律。

（四）正确处理国家、集体、个人三者利益关系，向危害国家、社会利益的行为作斗争。

（五）维护中国工人阶级和工会组织的团结统一，发扬阶级友爱，搞好互助互济。

（六）遵守工会章程，执行工会决议，参加工会活动，按月交纳会费。

第五条 会员组织关系随劳动（工作）关系变动，凭会员证明接转。

第六条 会员有退会自由。会员退会由本人向工会小组提出，由工会基层委员会宣布其退会并收回会员证。

会员没有正当理由连续六个月不交纳会费、不参加工会组织生活，经教育拒不改正，应当视为自动退会。

第七条 对不执行工会决议、违反工会章程的会员，给予批评教育。对严重违法犯罪并受到刑事处分的会员，开除会籍。开除会员会籍，须经工会小组讨论，提出意见，由工会基层委员会决定，报上一级工会备案。

第八条 会员离休、退休和失业，可保留会籍。保留会籍期间免交会费。

工会组织要关心离休、退休和失业会员的生活，积极向有关方面反映他们的愿望和要求。

第二章 组织制度

第九条 中国工会实行民主集中制，主要内容是：

（一）个人服从组织，少数服从多数，下级组织服从上级组织。

（二）工会的各级领导机关，除它们派出的代表机关外，都由民主选举产生。

（三）工会的最高领导机关，是工会的全国代表大会和它所产生的中华全国总工会执行委员会。工会的地方各级领导机关，是工会的地方各级代表大会和它所产生的总工会委员会。

（四）工会各级委员会，向同级会员大会或者会员代表大会负责并报告工作，接受会员监督。会员大会和会员代表大会有权撤换或者罢免其所选举的代表和工会委员会组成人员。

（五）工会各级委员会，实行集体领导和分工负责相结合的制度。凡属重大问题由委员会民主讨论，作出决定，委员会成员根据集体的决定和分工，履行自己的职责。

（六）工会各级领导机关，加强对下级组织的领导和服务，经常向下级组织通报情况，听取下级组织和会员的意见，研究和解决他们提出的问题。下级组织应及时向上级组织请示报告工作。

第十条 工会各级代表大会的代表和委员会的产生，要充分体现选举人的意志。候选人名单，要反复酝酿，充分讨论。选举采用无记名投票方式，可以直接采用候选人数多于应选人数的差额选举办法进行正式选举，也可以先采用差额选举办法进行预选，产生候选人名单，然后进行正式选举。任何组织和个人，不得以任何方式强迫选举人选举或不选举某个人。

第十一条 中国工会实行产业和地方相结合的组织领导原则。同一企业、事业单位、机关和其他社会组织中的会员，组织在一个工会基层组织中；同一行业或者性质相近的几个行业，根据需要建立全国的或者地方的产业工会组织。除少数行政管理体制实行垂直管理的产业，其产业工会实行产业工会和地方工会双重领导，以产业工会领导为主外，其他产业工会均实行以地方工会领导为主，同时接受上级产业工会领导的体制。各产业工会的领导体制，由中华全国总工会确定。

省、自治区、直辖市，设区的市和自治州，县（旗）、自治县、不设区的市建立地方总工会。地方总工会是当地地方工会组织和产业工会地方组织的领导机关。全国建立统一的中华全国总工会。中华全国总工会是各级地方总工会和各产业工会全国组织的领导机关。

中华全国总工会执行委员会委员和产业工会全国委员会委员实行替补制，各级地方总工会委员会委员和地方产业工会委员会委员，也可以实行替补制。

第十二条 县和县以上各级地方总工会委员会，根据工作需要可以派出代表机关。

县和县以上各级工会委员会，在两次代表大会之间，认为有必要时，可以召集代表会议，讨论和决定需要及时解决的重大问题。代表会议代表的名额和产生办法，由召集代表会议的总工会决定。

全国产业工会、各级地方产业工会、乡镇工会和城市街道工会的委员会，可以按照联合制、代表制原则，由下一级工会组织民主选举的主要负责人和适当比例的有关方面代表组成。

上级工会可以派员帮助和指导用人单位的职工组建工会。

第十三条 各级工会代表大会选举产生同级经费审查委员会。中华全国总工会经费审查委员会设常务委员会，省、自治区、直辖市总工会经费审查委员会和独立管理经费的全国产业工会经费审查委员会，应当设常务委员会。经费审查委员会负责审查同级工会组织及其直属企业、事业单位的经费收支和资产管理情况，监督财经法纪的贯彻执行和工会经费的使用，并接受上级工会经费审查委员会的指导和监督。工会经费审查委员会向同级会员大会或会员代表大会负责并报告工作；在大会闭会期间，向同级工会委员会负责并报告工作。

上级经费审查委员会应当对下一级工会及其直属企业、事业单位的经费收支和资产管理情况进行审查。

中华全国总工会经费审查委员会委员实行替补制，各级地方总工会经费审查委员会委员和独立管理经费的产业工会经费审查委员会委员，也可以实行替补制。

第十四条 各级工会建立女职工委员会，表达和维护女职工的合法权益。女职工委员会由同级工会委员会提名，在充分协商的基础上组成或者选举产生，女职工委员会与工会委员会同时建立，在同级工会委员会领导下开展工作。企业工会女职工委员会是县或者县以上妇联的团体会员，通过县以上地方工会接受妇联的业务指导。

第十五条 县和县以上各级工会组织应当建立法律服务机构，为保护职工和工会组织的合法权益提供服务。

各级工会组织应当组织和代表职工开展劳动法律监督。

第十六条 成立或者撤销工会组织，必须经会员大会或者会员代表大会通过，并报上一级工会批准。工会基层组织所在的企业终止，或者所在的事业单位、机关和其他社会组织被撤销，该工会组织相应撤销，并报上级工会备案。其他组织和个人不得随意撤销工会组织，也不得把工会组织的机构撤销、合并或者归属其他工作部门。

第三章 全国组织

第十七条 中国工会全国代表大会，每五年举行一次，由中华全国总工会执行委员会召集。在特殊情况下，由中华全国总工会执行委员会主席团提议，经执行委员会全体会议通过，可以提前或者延期举行。代表名额和代表选举办法由中华全国总工会决定。

第十八条 中国工会全国代表大会的职权是：

（一）审议和批准中华全国总工会执行委员会的工作报告。

（二）审议和批准中华全国总工会执行委员会的经费收支情况报告和经费审查委员会的工作报告。

（三）修改中国工会章程。

（四）选举中华全国总工会执行委员会和经费审查委员会。

第十九条 中华全国总工会执行委员会，在全国代表大会闭会期间，负责贯彻执行全国代表大会的决议，领导全国工会工作。

执行委员会全体会议选举主席一人、副主席若干人、主席团委员若干人，组成主席团。

执行委员会全体会议由主席团召集，每年至少举行一次。

第二十条 中华全国总工会执行委员会全体会议闭会期间，由主席团行使执行委员会的职权。主席团全体会议，由主席召集。

主席团闭会期间，由主席、副主席组成的主席会议行使主席团职权。主席会议由中华全国总工会主席召集并主持。

主席团下设书记处，由主席团在主席团成员中推选第一书记一人，书记若干人组成。书记处在主席团领导下，主持中华全国总工会的日常工作。

第二十一条 产业工会全国组织的设置，由中华全国总工会根据需要确定。

产业工会全国委员会的建立，经中华全国总工会批准，可以按照联合制、代表制原则组成，也可以由产业工会全国代表大会选举产生。全国委员会每届任期五年。任期届满，应当如期召开会议，进行换届选举。在特殊情况下，经中华全国总工会批准，可以提前或者延期举行。

产业工会全国代表大会和按照联合制、代表制原则组成的产业工会全国委员会全体会议的职权是：审议和批准产业工会全国委员会的工作报告；选举产业工会全国委员会或者产业工会全国委员会常务委员会。独立管理经费的产业工会，选举经费审查委员会，并向产业工会全国代表大会或者委员会全体会议报告工作。产业工会全国委员会常务委员会由主席一人、副主席若干人、常务委员若干人组成。

第四章 地方组织

第二十二条 省、自治区、直辖市，设区的市和自治州，县(旗)、自治县、不设区的市的工会代表大会，由同级总工会委员会召集，每五年举行一次。在特殊情况下，由同级总工会委员会提议，经上一级工会批准，可以提前或者延期举行。工会的地方各级代表大会的职权是：

(一) 审议和批准同级总工会委员会的工作报告。

(二) 审议和批准同级总工会委员会的经费收支情况报告和经费审查委员会的工作报告。

(三) 选举同级总工会委员会和经费审查委员会。

各级地方总工会委员会，在代表大会闭会期间，执行上级工会的决定和同级工会代表大会的决议，领导本地区的工会工作，定期向上级总工会委员会报告工作。

根据工作需要，省、自治区总工会可在地区设派出代表机关。直辖市和设区的市总工会在区一级建立总工会。

县和城市的区可在乡镇和街道建立乡镇工会和街道工会组织，具备条件的，建立总工会。

第二十三条 各级地方总工会委员会选举主席一人、副主席若干人、常务委员若干人，组成常务委员会。工会委员会、常务委员会和主席、副主席以及经费审查委员会的选举结果，报上一级总工会批准。

各级地方总工会委员会全体会议，每年至少举行一次，由常务委员会召集。各级地方总工会常务委员会，在委员会全体会议闭会期间，行使委员会的职权。

第二十四条 各级地方产业工会组织的设置，由同级地方总工会根据本地区的实际情况确定。

第五章 基层组织

第二十五条 企业、事业单位、机关和其他社会组织等基层单位，应当依法建立工会组织。社区和行政村可以建立工会组织。从实际出发，建立区域性、行业性工会联合会，推进新经济组织、新社会组织工会组织建设。

有会员二十五人以上的，应当成立工会基层委员会；不足二十五人的，可以单独建立工会基层委员会，也可以由两个以上单位的会员联合建立工会基层委员会，也可以选举组织员或者工会主席一人，主持基层工会工作。工会基层委员会有女会员十人以上的建立女职工委员会，不足十人的设女职工委员。

职工二百人以上企业、事业单位的工会设专职工会主席。工会专职工作人员的人数由工会与企业、事业单位协商确定。

基层工会具备法人条件，依法取得社团法人资格，工会主席为法定代表人。

第二十六条 工会基层组织的会员大会或者会员代表大会，每年至少召开一次。经基层工会委员会或者三分之一以上的工会会员提议，可以临时召开会员大会或者会员代表大会。工会会员在一百人以下的基层工会应当召开会员大会。

工会会员大会或者会员代表大会的职权是：

（一）审议和批准工会基层委员会的工作报告。

（二）审议和批准工会基层委员会的经费收支情况报告和经费审查委员会的工作报告。

（三）选举工会基层委员会和经费审查委员会。

（四）撤换或者罢免其所选举的代表或者工会委员会组成人员。

（五）讨论决定工会工作的重大问题。

工会基层委员会和经费审查委员会每届任期三年至五年，具体任期由会员大会或者会员代表大会决定。任期届满，应当如期召开会议，进行换届选举。在特殊情况下，经上一级工会批准，可以提前或者延期举行。

会员代表大会的代表实行常任制，任期与本单位工会委员会相同。

第二十七条 工会基层委员会的委员，应当在会员或者会员代表充分酝酿协商的基础上选举产生；主席、副主席，可以由会员大会或者会员代表大会直接选举产生，也可以由工会基层委员会选举产生。大型企业、事业单位的工会委员会，根据工作需要，经上级工会委员会批准，可以设立常务委员会。工会基层委员会、常务委员会和主席、副主席以及经费审查委员会的选举结果，报上一级工会批准。

第二十八条 工会基层委员会的基本任务是：

（一）执行会员大会或者会员代表大会的决议和上级工会的决定，主持基层工会的日常工作。

（二）代表和组织职工依照法律规定，通过职工代表大会、厂务公开和其他形式，参加本单位民主管理和民主监督，在公司制企业落实职工董事、职工监事制度。企业、事业单位工会委员会是职工代表大会工作机构，负责职工代表大会的日常工作，检查、督促职工代表大会决议的执行。

（三）参与协调劳动关系和调解劳动争议，与企业、事业单位行政方面建立协商制度，协商解决涉及职工切身利益问题。帮助和指导职工与企业、事业单位行政方面签订和履行劳动合同，代表职工与企业、事业单位行政方面签订集体合同或者其他专项协议，并监督执行。

（四）组织职工开展劳动和技能竞赛、合理化建议、技能培训、技术革新和技术协作等活动，培育工匠人才，总结推广先进经验。做好劳动模范和先进生产（工作）者的评选、表彰、培养和管理服务工作。

（五）加强对职工的政治引领和思想教育，开展法治宣传教育，重视人文关怀和心理疏导，鼓励支持职工学习文化科学技术和管理知识，开展健康的文化体育活动。推进企业文化职工文化建设，办好工会文化、教育、体育事业。

（六）监督有关法律、法规的贯彻执行。协助和督促行政方面做好工资、安全生产、职业病防治和社会保险等方面的工作，推动落实职工福利待遇。办好职工集体福利事业，改善职工生活，对困难职工开展帮扶。依法参与生产安全事故和职业病危害事故的调查处理。

（七）维护女职工的特殊利益，同歧视、虐待、摧残、迫害女职工的现象作斗争。

（八）搞好工会组织建设，健全民主制度和民主生活。建立和发展工会积极分子队伍。做好会员的发展、接收、教育和会籍管理工作。加强职工之家建设。

（九）收好、管好、用好工会经费，管理好工会资产和工会的企业、事业。

第二十九条　教育、科研、文化、卫生、体育等事业单位和机关工会，从脑力劳动者比较集中的特点出发开展工作，积极了解和关心职工的思想、工作和生活，推动党的知识分子政策的贯彻落实。组织职工搞好本单位的民主管理和民主监督，为发挥职工的聪明才智，创造良好的条件。

第三十条 工会基层委员会根据工作需要，可以在分厂、车间（科室）建立分厂、车间（科室）工会委员会。分厂、车间（科室）工会委员会由分厂、车间（科室）会员大会或者会员代表大会选举产生，任期和工会基层委员会相同。

工会基层委员会和分厂、车间（科室）委员会，可以根据需要设若干专门委员会或者专门小组。

按照生产（行政）班组建立工会小组，民主选举工会小组长，积极开展工会小组活动。

第六章 工会干部

第三十一条 各级工会组织按照革命化、年轻化、知识化、专业化的要求，努力建设一支坚持党的基本路线，熟悉本职业务，热爱工会工作，受到职工信赖的干部队伍。

第三十二条 工会干部要努力做到：

（一）认真学习马克思列宁主义、毛泽东思想、邓小平理论、“三个代表”重要思想、科学发展观、习近平新时代中国特色社会主义思想，学习政治、经济、历史、文化、科技、法律和工会业务等知识，提高政治能力，增强群众工作本领。

（二）执行党的基本路线和各项方针政策，遵守国家法律、法规，在改革开放和社会主义现代化建设中勇于开拓创新。

（三）信念坚定，忠于职守，勤奋工作，敢于担当，廉洁奉公，顾全大局，维护团结。

（四）坚持实事求是，认真调查研究，如实反映职工的意见、愿望和要求。

（五）坚持原则，不谋私利，热心为职工说话办事，依法维护职工的合法权益。

(六) 作风民主，联系群众，增强群众意识和群众感情，自觉接受职工群众的批评和监督。

第三十三条 各级工会组织根据有关规定管理工会干部，重视发现培养和选拔优秀年轻干部、女干部、少数民族干部，成为培养干部的重要基地。

基层工会主席、副主席任期未满不得随意调动其工作。因工作需要调动时，应事先征得本级工会委员会和上一级工会同意。

第三十四条 各级工会组织建立与健全干部培训制度。办好工会干部院校和各种培训班。

第三十五条 各级工会组织关心工会干部的思想、学习和生活，督促落实相应的待遇，支持他们的工作，坚决同打击报复工会干部的行为作斗争。

县和县以上工会设立工会干部权益保障金，保障工会干部依法履行职责。

县和县以上工会可以为基层工会选派、聘用工作人员。

第七章 工会经费和资产

第三十六条 工会经费的来源：

(一) 会员交纳的会费。

(二) 企业、事业单位、机关和其他社会组织按全部职工工资总额的百分之二向工会拨缴的经费或者建会筹备金。

(三) 工会所属的企业、事业单位上缴的收入。

(四) 人民政府和企业、事业单位、机关和其他社会组织的补助。

(五) 其他收入。

第三十七条 工会经费主要用于为职工服务和开展工会活动。各级工会组织应坚持正确使用方向，加强预算管理，优化支出结构，开展监督检查。

第三十八条 县和县以上各级工会应当与税务、财政等有关部门合作，依照规定做好工会经费收缴和应当由财政负担的工会经费拨缴工作。

未成立工会的企业、事业单位、机关和其他社会组织，按工资总额的百分之二向上级工会拨缴工会建会筹备金。

具备社团法人资格的工会应当依法设立独立经费账户。

第三十九条 工会资产是社会团体资产，中华全国总工会对各级工会的资产拥有终极所有权。各级工会依法依规加强对工会资产的监督、管理，保护工会资产不受损害，促进工会资产保值增值。根据经费独立原则，建立预算、决算、资产监管和经费审查监督制度。实行“统一领导、分级管理”的财务体制、“统一所有、分级监管、单位使用”的资产监管体制和“统一领导、分级管理、分级负责、下审一级”的经费审查监督体制。工会经费、资产的管理和使用办法以及工会经费审查监督制度，由中华全国总工会制定。

第四十条 各级工会委员会按照规定编制和审批预算、决算，定期向会员大会或者会员代表大会和上一级工会委员会报告经费收支和资产管理情况，接受上级和同级工会经费审查委员会审查监督。

第四十一条 工会经费、资产和国家及企业、事业单位等拨给工会的不动产和拨付资金形成的资产受法律保护，任何单位和个人不得侵占、挪用和任意调拨；不经批准，不得改变工会所属企业、事业单位的隶属关系和产权关系。

工会组织合并，其经费资产归合并后的工会所有；工会组织撤销或者解散，其经费资产由上级工会处置。

第八章 会 徽

第四十二条 中国工会会徽，选用汉字“中”、“工”两字，经艺术造型呈圆形重叠组成，并在两字外加一圆线，象征中国工会和中国工人阶级的团结统一。会徽的制作标准，由中华全国总工会规定。

第四十三条 中国工会会徽，可在工会办公地点、活动场所、会议会场悬挂，可作为纪念品、办公用品上的工会标志，也可以作为徽章佩戴。

第九章　附　　则

第四十四条　本章程解释权属于中华全国总工会。

中华全国总工会关于印发《事业单位工会工作条例》的通知

（总工发〔2018〕26号　2018年9月4日）

各省、自治区、直辖市总工会，各全国产业工会，中央和国家机关工会联合会筹备组，全总各部门、各直属单位：

《事业单位工会工作条例》已经中华全国总工会第十六届书记处第一百次会议审议通过，现印发给你们，请结合实际，认真贯彻执行。

事业单位工会工作条例

第一章　总　　则

第一条　为深入推进新时代事业单位工会工作改革创新，充分发挥事业单位工会作用，促进事业单位改革发展，根据《中华人民共和国工会法》《中国工会章程》，制定本条例。

第二条　本条例所指事业单位工会是指国家为了社会公益目的，由国家机关举办或者其他社会组织利用国有资产举办的，从事教育、科技、文化、卫生、体育等活动的社会服务组织中依法建立的工会组织。

第三条　事业单位工会以马克思列宁主义、毛泽东思想、邓小平理论、“三个代表”重要思想、科学发展观、习近平新时代中国特色社会主义思想为指导，坚持正确政治方向，坚持围绕中心、服务大局，牢牢把握为实现中华民族伟大复兴的中国梦而奋斗的工人运动时代主题，坚定不移走中国特色社会主义工会发展道路，推进事业单位工会制度化、规范化建设，加强维权服务，积极创新实践，强化责任担当，团结动员事业单位职工群众为全面建成小康社会、夺取新时代中国特色社会主义伟大胜利、实现中华民族伟大复兴的中国梦作出积极贡献。

第四条 事业单位工会接受同级党组织和上级工会双重领导，以同级党组织领导为主。对不在事业单位所在地的直属单位工会，实行属地管理原则。

第五条 事业单位工会工作应遵循把握以下原则：坚持党的领导，贯彻落实党的全心全意依靠工人阶级的根本指导方针，始终保持正确的政治方向；坚持以职工为本，保持和增强政治性、先进性、群众性，发挥联系职工桥梁纽带作用；坚持依法依规，做到依法建会、依法管会、依法履职、依法维权；坚持改革创新，适应形势任务要求，积极探索实践，不断加强自身建设，把工会组织建设得更加充满活力、更加坚强有力，努力增强吸引力凝聚力战斗力。

第二章　组织建设

第六条 事业单位应当依法建立工会组织，组织职工加入工会。

会员二十五人以上的事业单位建立工会委员会；不足二十五人的可以单独建立工会委员会，也可以由两个以上事业单位的会员联合建立工会基层委员会，也可以选举组织员或者工会主席一人，主持工会工作。同时按有关规定建立工会经费审查委员会、工会女职工委员会。

第七条 会员人数较多的事业单位工会组织，可以根据需要设立专门工作委员会，承担工会委员会的有关工作。

事业单位内设机构，可以建立工会分会或工会小组。

第八条 事业单位工会具备法人条件的，依法取得社团法人资格，工会主席为法定代表人。

第九条 事业单位工会受法律保护，不得随意撤销、合并或归属其他部门。

事业单位被撤销，其工会组织相应撤销，并报告上一级工会，已取得社团法人资格的，办理社团法人注销手续。

事业单位改革改制，应同时建立健全工会组织和相应机构。

第十条 会员大会或会员代表大会每年至少召开一次会议。经事业单位工会委员会或三分之一以上会员提议，可临时召开会议。

第十一条 会员代表大会的代表实行常任制，任期与本单位工会委员会相同。

第十二条 会员在一百人以下的事业单位工会应召开会员大会。

第十三条 会员大会或会员代表大会的职权：

（一）审议和批准工会委员会的工作报告；

（二）审议和批准工会委员会的经费收支情况报告和经费审查委员会的工作报告；

（三）选举工会委员会和经费审查委员会；

（四）撤换或罢免其所选举的代表或工会委员会组成人员；

（五）讨论决定工会工作其他重大问题；

（六）公开工会内部事务；

（七）民主评议和监督工会工作及工会负责人。

第十四条 会员代表大会或会员大会与职工代表大会（或职工大会，下同）须分别行使职权，不得相互替代。

第十五条 大型事业单位工会委员会，根据工作需要，经上级工会批准，可设立常务委员会，负责工会委员会的日常工作，其下属单位可建立工会委员会。

事业单位工会委员会委员和常务委员会委员应差额选举产生，可以直接采用候选人数多于应选人数的差额选举办法进行正式选举，也可以先采用差额选举办法进行预选产生候选人名单，然后进行正式选举。委员会委员和常务委员会委员的差额率分别不低于5%和10%。选举结果报上一级工会批准。

第十六条 事业单位工会委员会是会员大会或会员代表大会的常设机构，对会员大会或会员代表大会负责，接受会员监督。在会员大会或会员代表大会闭会期间，负责日常工作。

第十七条 事业单位工会委员会和经费审查委员会每届任期三年至五年，具体任期由会员大会或者会员代表大会决定。任期届满，应当如期召开会员大会或者会员代表大会，进行换届选举。特殊情况下，经上一级工会批准，可以提前或者延期举行，延期时间一般不超过半年。

第十八条 工会委员会实行民主集中制，重要人事事项、大额财务支出、资产处置、评先评优等重大问题、重要事项须经集体讨论作出决定。

第十九条 工会委员会（常委会）一般每季度召开一次会议，讨论或决定下列事项：

（一）贯彻党组织、上级工会有关决定和工作部署，执行会员大会或会员代表大会决议；

（二）向党组织、上级工会提交的重要请示、报告，向会员大会或会员代表大会提交的工作报告；

（三）工会工作计划和总结；

（四）向行政提出涉及单位发展、有关维护服务职工重大问题的建议；

（五）工会经费预算执行情况及重大财务支出；

（六）由工会委员会讨论和决定的其他事项。

第三章　职责任务

第二十条 事业单位工会的职责任务：

（一）坚持用习近平新时代中国特色社会主义思想武装头脑，认真学习贯彻党的基本理论、基本路线、基本方略，教育引导职工树立共产主义远大理想和中国特色社会主义共同理想，团结引导职工群众听党话、跟党走。

（二）培育和践行社会主义核心价值观，加强和改进职工思想政治工作，开展理想信念教育，实施道德建设工程，培养职工的社会公德、职业道德、家庭美德、个人品德，深化群众性精神文明创建活动，提高职工的思想觉悟、道德水准、文明素养。

（三）弘扬劳模精神、劳动精神、工匠精神，营造劳动光荣的社会风尚和精益求精的敬业风气，深入开展劳动和技能竞赛，开展群众性技术创新、技能培训等活动，提升职工技能技术素质，建设知识型、技能型、创新型职工队伍。

（四）加强职工文化建设，注重人文关怀和心理疏导，开展主题文化体育活动，丰富职工精神文化生活。

（五）加强以职工代表大会为基本形式的民主管理工作，深入推进事业单位内部事务公开，落实职工的知情权、参与权、表达权、监督权。

（六）做好职工维权工作，开展集体协商，构建和谐劳动人事关系，协调处理劳动人事争议，推动解决劳动就业、技能培训、工资报酬、安全健康、社会保障以及职业发展、民主权益、精神文化需求等问题。

（七）做好服务职工工作，倾听职工意见，反映职工诉求，协助党政办好职工集体福利事业，开展困难职工帮扶，组织职工参加疗养、休养及健康体检，为职工办实事、做好事、解难事。

（八）加强工会组织建设，建立健全工会内部运行和开展工作的各项制度，做好会员的发展、接转、教育和会籍管理工作，加强对专（兼）职工会干部和工会积极分子的培养，深入开展“职工之家”和“职工小家”创建活动。

（九）收好、管好、用好工会经费，管理使用好工会资产，加强工会经费和工会资产审查审计监督工作。

第四章　工作制度

第二十一条　职工代表大会是事业单位实行民主管理的基本形式，是职工行使民主管理权力的机构。

事业单位职工代表大会每三年至五年为一届，每年至少召开一次。召开职工代表大会正式会议，必须有全体职工代表三分之二以上出席。

事业单位工会是职工代表大会工作机构，负责职工代表大会的日常工作。

事业单位工会承担以下与职工代表大会相关的工作职责：

（一）做好职工代表大会的筹备工作和会务工作，组织选举职工代表大会代表，征集和整理提案，提出会议议题、方案和主席团建议人选；

（二）职工代表大会闭会期间，组织传达贯彻会议精神，督促检查会议决议的落实；

（三）组织职工代表的培训，接受和处理职工代表的建议和申诉；

（四）就本单位民主管理工作向单位党组织汇报；

（五）完成职工代表大会委托的其他任务。

事业单位应当为本单位工会承担职工代表大会工作机构的职责提供必要的工作条件和经费保障。

第二十二条 事业单位的党政工联席会议，研究和解决事关职工切身利益的重要问题，由本单位工会召集。

第二十三条 建立和规范事务公开制度，协助党政做好事务公开工作，明确公开内容，拓展公开形式，并做好民主监督。

第二十四条 畅通职工表达合理诉求渠道，通过协商、协调、沟通的办法，化解劳动人事矛盾，构建和谐劳动人事关系。

第二十五条 建立健全劳动人事关系调解机制，协商解决涉及职工切身利益的问题。建立和完善科学有效的利益协调机制、诉求表达机制、权益保障机制。建立劳动人事关系争议预警机制，做好劳动人事关系争议预测、预报、预防工作。事业单位工会应当积极同有关方面协商，表达职工诉求，提出解决的意见建议。

第五章　自身建设

第二十六条　事业单位依法依规设置工会工作机构，明确主要职责、机构规格、领导职数和编制数额。

第二十七条　事业单位工会主席应以专职为主，兼职为辅。职工两百人以上的事业单位，设专职工会主席。工会专职工作人员的具体人数由事业单位工会与单位行政协商确定。根据工作需要和经费许可，事业单位工会可从社会聘用工会工作人员，建立专兼职相结合的干部队伍。

事业单位工会主席、副主席和委员实行任期制，可以连选连任。

工会主席、副主席因工作需要调动时，应当征得本级工会委员会和上一级工会的同意。

工会主席、副主席空缺时，应当及时补选，空缺期限一般不超过半年。

第二十八条　突出政治标准，选优配强事业单位工会领导班子和干部队伍，牢固树立政治意识、大局意识、核心意识、看齐意识，坚定道路自信、理论自信、制度自信、文化自信，坚决维护党中央权威和集中统一领导。按照既要政治过硬、又要本领高强的要求，建设忠诚干净担当的高素质事业单位工会干部队伍，注重培养专业能力、专业精神，提高做好群众工作本领。

第六章　工会经费和资产

第二十九条　具备社团法人资格的事业单位工会应当独立设立经费账户。工会经费支出实行工会法定代表人签批制度。

事业单位工会经费主要用于为职工服务和工会活动。

第三十条　工会会员按规定标准和程序缴纳会费。

建立工会组织的事业单位，按每月全部职工工资总额的百分之二向事业单位工会拨缴工会经费；由财政统一划拨经费的，工会经费列入同级财政预算，按财政统一划拨方式执行。

事业单位工会因工作需要，可以依据《中华人民共和国工会法》等有关规定，向单位行政申请经费补助。

上级工会有权对下级工会所在事业单位拨缴工会经费情况进行监督检查。对无正当理由拖延或者拒不拨缴工会经费的单位，依据《中华人民共和国工会法》等有关规定处理。

事业单位工会应当按照有关规定收缴、上解工会经费，依法独立管理和使用工会经费。任何组织和个人不得截留、挪用、侵占工会经费。

第三十一条 事业单位工会应当根据经费独立原则建立预算、决算和经费审查审计制度，坚持遵纪守法、经费独立、预算管理、服务职工、勤俭节约、民主管理的原则。事业单位工会应当建立健全财务制度，完善经费使用流程和程序，各项收支实行工会委员会集体领导下的主席负责制，重大收支必须集体研究决定。

事业单位工会应根据国家和全国总工会的有关政策规定以及上级工会的要求，依法、科学、完整、合理地编制工会经费年度预（决）算，按程序报上一级工会批准，严禁无预算、超预算使用工会经费。

第三十二条 各级人民政府和事业单位应当依法为事业单位工会办公和开展活动提供必要的设施和活动场所等物质条件。

工会经费、资产和国家拨给工会的不动产及拨付资金形成的资产，任何单位和个人不得侵占、挪用和任意调拨。

第七章 工会经费审查审计

第三十三条 会员大会或者会员代表大会在选举事业单位工会委员会的同时，选举产生经费审查委员会，会员人数较少的，可以选举经费审查委员一人。

经费审查委员会主任、副主任由经费审查委员会全体会议选举产生。经费审查委员会主任按同级工会副职级配备。

经费审查委员会或者经费审查委员的选举结果，与事业单位工会委员会的选举结果同时报上一级工会批准。

第三十四条 事业单位工会经费审查委员会的任期与事业单位工会委员会相同，向同级会员大会或者会员代表大会负责并报告工作；在会员大会或者会员代表大会闭会期间，向同级工会委员会负责并报告工作；事业单位工会经费审查委员会应当接受上级工会经费审查委员会的业务指导和督促检查。

第三十五条 事业单位工会经费审查委员会审查审计同级工会组织的经费收支、资产管理等全部经济活动，定期向会员大会或者会员代表大会报告，并采取一定方式公开，接受会员监督。

经费审查委员会对审查审计工作中的重大事项，有权向同级工会委员会和上一级经费审查委员会报告。

工会主席任期届满或者任期内离任的，应当按照规定对其进行经济责任审计。

第八章 女职工工作

第三十六条 事业单位工会有女会员十人以上的建立工会女职工委员会，不足十人的设女职工委员。

女职工委员会与工会委员会同时建立，在同级工会委员会领导下开展工作，接受上级工会女职工委员会指导，任期与同级工会委员会相同。女职工委员会委员由同级工会委员会提名，在充分协商的基础上组成或者选举产生。

女职工委员会主任由事业单位工会女主席或者女副主席担任，也可以经民主协商，按照同级工会副主席相应条件选配女职工委员会主任。

第三十七条 女职工委员会的基本任务是：依法维护女职工的合法权益和特殊利益；组织实施女职工提升素质建功立业工程，全面提高女职工的思想道德、科学文化和业务技能素质；开展家庭文明建设工作；关注女职工身心健康，做好关爱帮困工作；加强工会女职工工作的理论政策研究；关心女职工成长进步，积极发现、培养、推荐女性人才。

第三十八条 职工委员会定期研究涉及女职工的有关问题，向同级工会委员会和上级工会女职工委员会报告工作，重要问题应提交职工代表大会审议。

事业单位工会应为女职工委员会开展工作与活动提供必要的场地和经费。

第九章 附 则

第三十九条 民办非企业单位（社会服务机构）工会参照本条例执行。

第四十条 参照公务员法管理的事业单位工会和承担行政职能的事业单位工会，依照《机关工会工作暂行条例》执行。

从事生产经营活动的事业单位工会，依照《企业工会工作条例》执行。

第四十一条 各省、自治区、直辖市总工会可依据本条例，制定具体实施办法。

第四十二条 本条例由中华全国总工会负责解释。

第四十三条 本条例自公布之日起施行。

中华全国总工会关于印发《基层工会会员代表大会条例》的通知

（总工发〔2019〕6号　2019年1月15日）

各省、自治区、直辖市总工会，各全国产业工会，中央和国家机关工会联合会筹备组，全总各部门、各直属单位：

《基层工会会员代表大会条例》已经中华全国总工会第十七届书记处第4次会议通过，现印发给你们，请结合实际，认真贯彻执行。

基层工会会员代表大会条例

第一章　总　　则

第一条　为完善基层工会会员代表大会制度，推进基层工会民主化、规范化、法治化建设，增强基层工会政治性、先进性、群众性，激发基层工会活力，发挥基层工会作用，根据《中华人民共和国工会法》《中国工会章程》等有关规定，制定本条例。

第二条　本条例适用于企业、事业单位、机关、社会团体和其他社会组织单独或联合建立的基层工会组织。乡镇（街道）、开发区（工业园区）、村（社区）建立的工会委员会，县级以下建立的区域（行业）工会联合会，如召开会员代表大会的，依照本条例执行。

第三条　会员不足100人的基层工会组织，应召开会员大会；会员100人以上的基层工会组织，应召开会员大会或会员代表大会。

第四条　会员代表大会是基层工会的最高领导机构，讨论决定基层工会重大事项，选举基层工会领导机构，并对其进行监督。

第五条 会员代表大会实行届期制，每届任期三年或五年，具体任期由会员代表大会决定。会员代表大会任期届满，应按期换届。遇有特殊情况，经上一级工会批准，可以提前或延期换届，延期时间一般不超过半年。

会员代表大会每年至少召开一次，经基层工会委员会、三分之一以上的会员或三分之一以上的会员代表提议，可以临时召开会员代表大会。

第六条 会员代表大会应坚持党的领导，坚持民主集中制，坚持依法规范，坚持公开公正，切实保障会员的知情权、参与权、选举权、监督权。

第七条 基层工会召开会员代表大会应向同级党组织和上一级工会报告。换届选举、补选、罢免基层工会委员会组成人员的，应向同级党组织和上一级工会书面报告。

上一级工会对下一级工会召开会员代表大会进行指导和监督。

第二章 会员代表大会的组成和职权

第八条 会员代表的组成应以一线职工为主，体现广泛性和代表性。中层正职以上管理人员和领导人员一般不得超过会员代表总数的20%。女职工、青年职工、劳动模范（先进工作者）等会员代表应占一定比例。

第九条 会员代表名额，按会员人数确定：

会员100至200人的，设代表30至40人；

会员201至1000人的，设代表40至60人；

会员1001至5000人的，设代表60至90人；

会员5001至10000人的，设代表90至130人；

会员10001至50000人的，设代表130至180人；

会员50001人以上的，设代表180至240人。

第十条 会员代表的选举和会议筹备工作由基层工会委员会负责，新成立基层工会的由工会筹备组负责。

第十一条 会员代表大会根据需要，可以设立专门工作委员会（小组），负责办理会员代表大会交办的具体事项。

第十二条 会员代表大会的职权是：

（一）审议和批准基层工会委员会的工作报告；

（二）审议和批准基层工会委员会经费收支预算决算情况报告、经费审查委员会工作报告；

（三）开展会员评家，评议基层工会开展工作、建设职工之家情况，评议基层工会主席、副主席履行职责情况；

（四）选举和补选基层工会委员会和经费审查委员会组成人员；

（五）选举和补选出席上一级工会代表大会的代表；

（六）罢免其所选举的代表、基层工会委员会组成人员；

（七）讨论决定基层工会其他重大事项。

第三章 会员代表

第十三条 会员代表应由会员民主选举产生，不得指定会员代表。劳务派遣工会员民主权利的行使，如用人单位工会与用工单位工会有约定的，依照约定执行；如没有约定或约定不明确的，在劳务派遣工会员会籍所在工会行使。

第十四条 会员代表应具备以下条件：

（一）工会会员，遵守工会章程，按期缴纳会费；

（二）拥护党的领导，有较强的政治觉悟；

（三）在生产、工作中起骨干作用，有议事能力；

（四）热爱工会工作，密切联系职工群众，热心为职工群众说话办事；

（五）在职工群众中有一定的威信，受到职工群众信赖。

第十五条 会员代表的选举，一般以下一级工会或工会小组为选举单位进行，两个以上会员人数较少的下一级工会或工会小组可作为一个选举单位。会员代表由选举单位会员大会选举产生。规模较大、管理层级较多的单位，会员代表可由下一级会员代表大会选举产生。

第十六条 选举单位按照基层工会确定的代表候选人名额和条件，组织会员讨论提出会员代表候选人，召开有三分之二以上会员或会员代表参加的大会，采取无记名投票方式差额选举产生会员代表，差额率不低于15%。

第十七条 会员代表候选人，获得选举单位全体会员过半数赞成票时，方能当选；由下一级会员代表大会选举时，其代表候选人获得应到会代表人数过半数赞成票时，方能当选。

第十八条 会员代表选出后，应由基层工会委员会或工会筹备组，对会员代表人数及人员结构进行审核，并对会员代表进行资格审查。

符合条件的会员代表人数少于原定代表人数的，可以把剩余的名额再分配，进行补选，也可以在符合规定人数情况下减少代表名额。

第十九条 会员代表实行常任制，任期与会员代表大会届期一致，会员代表可以连选连任。

第二十条 会员代表的职责是：

（一）带头执行党的路线、方针、政策，自觉遵守国家法律法规和本单位的规章制度，努力完成生产、工作任务；

（二）在广泛听取会员意见和建议的基础上，向会员代表大会提出提案；

（三）参加会员代表大会，听取基层工会委员会和经费审查委员会的工作报告，讨论和审议代表大会的各项议题，提出审议意见和建议；

（四）对基层工会委员会及代表大会各专门委员会（工作小组）的工作进行评议，提出批评、建议；对基层工会主席、副主席进行民主评议和民主测评，提出奖惩和任免建议；

（五）保持与选举单位会员群众的密切联系，热心为会员说话办事，积极为做好工会各项工作献计献策；

（六）积极宣传贯彻会员代表大会的决议精神，对工会委员会落实会员代表大会决议情况进行监督检查，团结和带动会员群众完成会员代表大会提出的各项任务。

第二十一条 选举单位可单独或联合组成代表团（组），推选团（组）长。团（组）长根据会员代表大会议程，组织会员代表参加大会各项活动；在会员代表大会闭会期间，按照基层工会的安排，组织会员代表开展日常工作。

第二十二条 基层工会讨论决定重要事项，可事先召开代表团（组）长会议征求意见，也可根据需要，邀请代表团（组）长列席会议。

第二十三条 基层工会应建立会员代表调研、督查等工作制度，充分发挥会员代表作用。

第二十四条 会员代表在法定工作时间内依法参加会员代表大会及工会组织的各项活动，单位应当正常支付劳动报酬，不得降低其工资和其他福利待遇。

第二十五条 有下列情形之一的，会员代表身份自然终止：

（一）在任期内工作岗位跨选举单位变动的；

（二）与用人单位解除、终止劳动（工作）关系的；

（三）停薪留职、长期病事假、内退、外派超过一年，不能履行会员代表职责的。

第二十六条 会员代表对选举单位会员负责，接受选举单位会员的监督。

第二十七条 会员代表有下列情形之一的，可以罢免：

（一）不履行会员代表职责的；

（二）严重违反劳动纪律或单位规章制度，对单位利益造成严重损害的；

（三）被依法追究刑事责任的；

（四）其他需要罢免的情形。

第二十八条 选举单位工会或三分之一以上会员或会员代表有权提出罢免会员代表。会员或会员代表联名提出罢免的，选举单位工会应及时召开会员代表大会进行表决。

第二十九条 罢免会员代表，应经过选举单位全体会员过半数通过；由会员代表大会选举产生的代表，应经过会员代表大会应到会代表的过半数通过。

第三十条 会员代表出现缺额，原选举单位应及时补选。缺额超过会员代表总数四分之一时，应在三个月内进行补选。补选会员代表应依照选举会员代表的程序，进行差额选举，差额率应按照第十六条规定执行。补选的会员代表应报基层工会委员会进行资格审查。

第四章 会员代表大会的召开

第三十一条 每届会员代表大会第一次会议召开前，应将会员代表大会的组织机构、会员代表的构成、会员代表大会主要议程等重要事项，向同级党组织和上一级工会书面报告。上一级工会接到报告后应于15日内批复。

第三十二条 每届会员代表大会第一次会议召开前，基层工会委员会或工会筹备组应对会员代表进行专门培训，培训内容应包括工会基本知识、会员代表大会的性质和职能、会员代表的权利和义务、大会选举办法等。

第三十三条 会员代表全部选举产生后，应在一个月内召开本届会员代表大会第一次会议。

第三十四条 会员代表大会召开前，会员代表应充分听取会员意见建议，积极提出与会员切身利益和工会工作密切相关的提案，经基层工会委员会或工会筹备组审查后，决定是否列入大会议程。

第三十五条 召开会员代表大会，应提前5个工作日将会议日期、议程和提交会议讨论的事项通知会员代表。

第三十六条 每届会员代表大会第一次会议召开前，可举行预备会议，听取会议筹备情况的报告，审议通过关于会员代表资格审查情况的报告，讨论通过选举办法，通过大会议程和其他有关事项。

第三十七条 召开会员代表大会时，未当选会员代表的经费审查委员会委员、女职工委员会委员应列席会议，也可以邀请有关方面的负责人或代表列席会议。

可以邀请获得荣誉称号的人员、曾经作出突出贡献的人员作为特邀代表参加会议。

列席人员和特邀代表仅限本次会议，可以参加分组讨论，不承担具体工作，不享有选举权、表决权。

第三十八条 基层工会委员会、经费审查委员会及女职工委员会的选举工作，依照《工会基层组织选举工作条例》规定执行。

第三十九条 会员代表大会应每年对基层工会开展工作、建设职工之家和工会主席、副主席履行职责等情况进行民主评议，在民主评议的基础上，以无记名投票方式进行测评，测评分为满意、基本满意、不满意三个等次。测评结果应及时公开，并书面报告同级党组织和上一级工会。

基层工会主席、副主席测评办法应由会员代表大会表决通过，并报上一级工会备案。

第四十条 基层工会主席、副主席，具有下列情形之一的，可以罢免：

（一）连续两年测评等次为不满意的；

（二）任职期间个人有严重过失的；

（三）被依法追究刑事责任的；

（四）其他需要罢免的情形。

基层工会委员会委员具有上述（二）（三）（四）项情形的，可以罢免。

第四十一条 本届工会委员会、三分之一以上的会员或会员代表可以提议罢免主席、副主席和委员。

罢免主席、副主席和委员的，应经同级党组织和上一级工会进行考察，未建立党组织的，由上一级工会考察。经考察，如确认其不能再担任现任职务时，应依法召开会员代表大会进行无记名投票表决，应参会人员过半数通过的，罢免有效，并报上一级工会批准。

第四十二条 规模较大、人数众多、工作地点分散、工作时间不一致，会员代表难以集中的基层工会，可以通过电视电话会议、网络视频会议等方式召开会员代表大会。不涉及无记名投票的事项，可以通过网络进行表决，如进行无记名投票的，可在分会场设立票箱，在规定时间内统一投票、统一计票。

第四十三条 会员代表大会与职工代表大会应分别召开，不得互相代替。如在同一时间段召开的，应分别设置会标、分别设定会议议程、分别行使职权、分别作出决议、分别建立档案。

第四十四条 会员代表大会通过的决议、重要事项和选举结果等应当形成书面文件，并及时向会员公开。

第五章 附 则

第四十五条 除会员代表的特别规定外，召开会员大会依照本条例相关规定执行。

第四十六条 本条例由中华全国总工会负责解释。

第四十七条 本条例自发布之日起施行，以往有关规定与本条例不一致的，以本条例为准。1992 年 4 月 14 日中华全国总工会办公厅印发的《关于基层工会会员代表大会代表实行常任制的若干暂行规定》同时废止。

参考文献

[1] 中国教科文卫体工会全国委员会编:《教育工会干部培训教程》, 北京:中国工人出版社, 2014 年。

[2] 中国教育工会上海市委员会编:《学校教代会基础知识问答》, 上海:上海三联书店, 1998 年。

[3] 史利国主编:《高校教代会与职代会工作指导手册》, 北京:高等教育出版社, 2013 年。

[4] 郭大成著:《民主管理与教代会工作》, 徐州:中国矿业大学出版社, 2011 年。

[5] 吴刚著:《现代大学民主管理》, 太原:山西人民出版社, 2013 年。

[6] 韩保来著:《学校民主管理制度研究》, 保定:河北大学出版社, 2007 年。

[7] 孙国庆、洪蓉主编:《辽宁大学工会、教代会工作手册》, 沈阳:辽宁大学出版社, 2013 年。

[8] 陈静源著:《高校工会工作理论与实践》, 杭州:浙江大学出版社, 2015 年。

[9] 邹积敏、谷丽霞、翟晓黎编著:《高校教职工代表大会暨工会会员代表大会理论研究与实践》, 济南:山东大学出版社, 2010 年。

[10] 上海海事大学工会理论研究会编:《工会理论与基础知识读本》, 上海:上海交通大学出版社, 2009 年。

[11] 刘跃进、张敬袖、施作勤主编:《教育工会工作实用操作指南》, 北京:北京理工大学出版社, 1993 年。

［12］郑基主编：《教育工会实用手册》，哈尔滨：哈尔滨工业大学出版社，1989 年。

［13］上海市总工会编：《集体协商、职工代表大会工作实务操作手册》，北京：中国工人出版社，2020 年。

［14］吕明霞编著：《职代会提案工作实用手册》，北京：中国工人出版社，2020 年。

［15］王珍宝编著：《怎样当好职工代表——职工代表履职知识问答》（第 2 版），北京：中国工人出版社，2019 年。

［16］赵振洲、庄健编著：《“职代会”提案工作流程与规范及案例实务》，北京：人民日报出版社，2019 年。

［17］陈观平主编：《工会提案工作实务指南——职代会提案工作的处理程序与写作方法》，北京：红旗出版社，2018 年。

［18］武兵、宋颖编著：《职代会提案工作小帮手》，北京：中国工人出版社，2017 年。

［19］戴庆宝著：《如何做好职代会提案工作》，北京：中国工人出版社，2014 年。

［20］张举、王慧编著：《怎样当好新时代职工代表》，北京：人民日报出版社，2019 年。

［21］张举编著：《怎样当一名合格的职工代表》，北京：中国言实出版社，2016 年。

［22］李军燕编著：《职工代表培训教程》，北京：中国言实出版社，2015 年。

［23］张宝刚著：《如何做一名合格的职工代表》，北京：中国工人出版社，2014 年。

［24］张安顺编著：《怎样当好职工代表——新编职工代表培训教材》，北京：中国言实出版社，2014 年。

［25］赵振洲、刘永青编著：《怎样当好一名职工代表》，北京：中国言实出版社，2012 年。

[26] 中华全国总工会民主管理部编写:《职工代表培训教材》，北京：中国工人出版社，2015 年。

[27] 王珍宝、吕明霞著:《怎样写好教代会提案》，《中国教工》2019 年第 3 期。

[28] 全国厂务公开协调小组办公室、中华全国总工会基层工作部编写:《百佳职工代表优秀提案汇编》，内部资料，2019 年。